Caroline Régnard-Mayer ~ Frauenpower trotz MS - Trilogie

Verlag BOD

Für meine Großmutter Gertrud.
Für meine Kinder.

Caroline Régnard-Mayer

Frauenpower trotz MS - Trilogie

Jetzt liegt es an mir!

~Drei Bücher in einem - Frauenpower-Trilogie~

Caroline Régnard-Mayer, geboren im Mai 1965, ist von Beruf MTLA.
Berentet seit 2004 durch ihre Erkrankung Multiple Sklerose.
Sie lebt mit ihren beiden Kindern in Landau/Pfalz.

Kontaktdaten: www.frauenpower-ms.jimdo.com
caroline.regnardmayer@facebook.com
www.caroregm.blogspot.de

Beim Verlag BOD von ihr bereits erschienen:

„Frauenpower trotz MS - ...aus dem Leben gegriffen!!“, Teil 1 (2009)
„MS - Mein Schicksal, mein Leben! Frauenpower trotz MS“, Teil 2 (2011)
„MS – Meine Sonne. Warum nicht einmal positiv denken ... (2013)
„Mademoiselle klopft an meine Tür!“ (2011)

Bibliografische Information der Deutschen Nationalbibliothek:
Die Deutsche Nationalbibliothek verzeichnet diese Publikation in der Deutschen Nationalbibliografie; detaillierte bibliografische Daten sind im Internet über http://dnb.d-nb.de abrufbar.

Frauenpower trotz MS - Trilogie
Jetzt liegt es an mir!
Zusammenfassung dreier Bücher

Originalausgabe 2014
Herstellung und Verlag: BOD- Books on Demand
Norderstedt, Deutschland
Idee zum Cover: C. Régnard-Mayer, Michael Wisniewski
Covergestaltung: Michael Wisniewski

ISBN: 978-3-7357-9260-0

Mit Elan und einem Wunschdenken, das Zusammenfassen meiner ersten beiden Bücher und das neu geschriebene vierte Buch würde mir irgendwie ein gutes, zufriedenes Gefühl geben, da irrte ich mich gründlich. Meine Mademoiselle[1] würde sich jetzt, wenn sie neben mir stehen würde, in die Hosen machen vor lauter Lachen. „Mamsell, lache nicht so gehässig, dir zeig ich es mal wieder! Erst den ganzen Schlamassel mit dir und deinen Standpauken und jetzt schon wieder Belehrstunden von dir!? Nein danke. Du hast mir sehr geholfen, dafür bin ich dir auf ewig dankbar, aber auslachen lasse ich mich heute nicht mehr von dir. Basta!" Und mit einer Handbewegung war sie gedanklich vom Tisch.

Beim Sortieren und Zusammenfassen der ersten beiden Bücher kamen mir Zweifel, ob die ganze Arbeit sich lohnen würde, auch ob meine Leser oder irgend ein Mensch auf dieser Welt überhaupt interessiert ist, wie sich mein Leben mit der MS bis heute entwickelt hat. Ich musste notgedrungen selbst die Bücher nochmals durchlesen, denn Absätze und Kapitel, die sich durchs Kopieren verschoben hatten, überflog ich flüchtig. Dann überarbeitete ich doch beide Bücher komplett.

Ich tauchte ein in Vergangenes, die alten Gefühle der plötzlich veränderten Lebenssituation, die mein ganzes Denken und Fühlen beeinflusst hatten, betrachtete ich mit Abstand der Zeit. Ich hatte mich verändert! Nur fragte ich mich: Habe ich dies wirklich erlebt und überlebt? In den Schubladen der Vergessenheit waren die Geschichten gut platziert und selten musste ich auch über sie nachdenken. Ich hatte gelernt, meine Altlasten und Verletzungen zu verstehen, die Ursachen teils zu erkennen und die Verantwortung für schmerzhafte Erinnerungen und weniger gute Erlebnisse zu übernehmen, befreite mich von Schuldzuweisungen anderer Menschen mir gegenüber und wie im dritten Buch hielt ich mir den Spiegel vors Gesicht. Ich vergab mir selbst, um Frieden mit meinem Innersten zu schließen und die Seele heilte. Dadurch veränderte

[1] „Mademoiselle klopft an meine Tür! v. C. Régnard-Mayer; Verlag BOD

sich mein Krankheitsverlauf entscheidend, das körperliche Wohlbefinden fand den Weg zu mir, die Zukunftsangst reduzierte sich und ich konnte genesen.

Mamsell wäre jetzt stolz auf mich, hatte ich meine Lektionen in ihrem Unterricht während ihres Einzugs bei mir, doch verstanden und meine Vermeidungsstrategie, Altes aufzuwärmen und zig Mal durchzukauen, hatte ebenso Erfolg. Der Suppeneintopf wurde nicht ständig erwärmt und ich verdränge nichts mehr, zugegebenermaßen nur das Fensterputzen oder das Wäsche bügeln.

Die MS war meine Chance in der Krise, die eine Daseinsberechtigung hatte, um niemals aufzugeben trotz physischer und psychischer Einschränkungen. Jeden Tag entscheide ich aufs Neue, was mir gut tut und wann ich dringend Ruhe brauche. Meine Feldenkrais Stunden versäume ich fast nie, und vernachlässige kaum meine vollwertige Ernährung. Mit Gottes Hilfe veränderte ich meinen Blick aufs Leben.

Heute kann ich über vieles besser reden und erzählen, was meine Erkrankung angeht und die Wut ist verflogen. Alles braucht eben doch seine Zeit. Nach der schwindenden Euphorie kam dann doch die Lust, die Trilogie von „Frauenpower trotz MS" fertigzustellen. Sie werden beim Lesen selbst erfahren, dass ich nicht mehr derselbe Mensch bin, der das erste Buch geschrieben hat. Und es ist gut so, wie es ist!

Heute, nach 9 Jahren MS-Karriere nach der Diagnose im Februar 2004, blicke ich selten zurück. Ich kenne meinen Weg, der vor mir liegt, nicht. Das Ende ist weiterhin offen. Aber die Strecke, die ich zurückgelegt habe: Frust, Zorn, Enttäuschung, nicht akzeptieren und kämpfen gegen einen Dämon, der nicht zu besiegen ist. Verlorene Jahre, aber hätte ich sie vielleicht nicht so erlebt und durchlebt, wäre ich heute nicht der Mensch, der ich geworden bin. Auch mein Umfeld wäre nicht das gleiche. Lieber sich auf das Wesentliche im Leben und im Alltag beschränken, aber zufrieden und ausgeglichen. Dabei trennte ich mich auch von Bekannten und Freunden.

Glück ist ein starkes Wort, das ich im Zusammenhang mit meiner Erkrankung nicht in den Mund nehmen kann. Dankbarkeit und Vertrauen in mich, das empfinde ich oft. Wenn der Dämon morgens an meiner Bettkante sitzt und mich einen beschissenen MS-Tag durchstehen lässt, werfe auch ich kurzzeitig alles über Bord. Da geht es rund bei mir wie beim Untergang der Titanic, nur im Stillen.

Ich hadere mit meinem Schicksal, bin traurig, aber die Frustration und die Ungerechtigkeit, die ich früher in solchen Gefühlsmomenten verspürte, sind verschwunden. Ich frage mich schon Jahre nicht mehr: „Warum ich?", sondern denke: „Warum ich nicht?", wenn überhaupt. Das Aufbegehren gegen diese Erkrankung kostet nur Kraft und Lebensqualität, ich schickte sie vor langer Zeit in den Kosmos und lernte mit dem anders gesund Sein zu leben.

Leider bin ich schon immer ein umtriebiger Mensch gewesen und fragte mich letzte Nacht, was tue ich als nächstes, wenn dieses Buch fertig geschrieben ist? Ich musste nicht lange überlegen... schreiben - eine Idee zu einem neuen Projekt kam ganz spontan und das sind die Besten. Schreiben und Monate eintauchen in die PC-Arbeit, das sind die effektivsten Stunden der Verarbeitung, besser als jede Psychotherapiestunde. Wobei ich bei der Wahrheit bleiben muss, ganz ohne Frau Ballering, meiner Psychotherapeutin, wäre es in den schwärzesten Krisenstunden nicht gegangen.

Nach jahrelangem schubförmigen Verlauf, zuerst vollständige Remission und später unvollständige Rückbildung der Symptome, die ganze Therapiepalette an Medikamenten rauf und runter, bin ich heute sekundär chronisch progredient. Die vielversprechenden Medikamente wie Gilenya (Zulassung 2011) oder die Fumarsäure, die dieses Jahr den Markt erobern wird, kommen zu spät für mich. Noch vor zwei Jahren hätte mich dies frustriert und mutlos gemacht. Aber noch gibt es das Mitoxantron (Chemotherapie) als Option und die Forschung schläft nicht. Der große Durchbruch in der

MS-Forschung wird hoffentlich die nächste Generation beglücken. Bei meinem Verlauf sehe ich auch etwas Positives. Er ist zwar schleichend, aber die Angst vor Schüben, die mir nicht nur bildlich gesprochen so oft den Boden unter den Füßen weggezogen hat oder das Erwachen am Morgen mit einem Schleier oder Doppelbildern vor den Augen ist vorbei! Ob dieses Schleichen der MS zum Kriechen oder zum Wettrennen mit der Zeit wird, bleibt mir zum Glück verborgen. Ich werde es noch früh genug „mitbekommen".

Auch durch die Jahre mit Mitbetroffenen und meiner ehrenamtlichen Tätigkeit bei der DMSG lernte ich eine andere Sichtweise der Erkrankung kennen und verlor die Angst vor Hilfsmitteln wie meinen Rollator oder Rolli. In meinem ersten Buch schreibe ich über ‚mein erstes Mal' mit meinem Stock, mittlerweile bin ich im Umgang mit dem Rollator und Rollstuhl geübt. Ohne Rollator in Rom in den letzten Herbstferien mit meinen Kindern wäre undenkbar gewesen, denn nach der Reise war mein Fazit: „Einmal Rom hin und zurück, aber niemals mehr eine Städtereise!" Die überhöhten italienischen Bordsteine und die Metro brachten mich zur Verzweiflung und ich wünschte nichts sehnlicher, als dass dieser Urlaub schnell abgespult wurde.

Das Rollifahren erlernte ich fachmännisch in der Reha-Klinik „Quellenhof" und während einem DMSG- Rolli-Training hier in Landau, das ich mit einem Therapeuten aus Bad Wildbad, Sana-Klinik, organisierte. Aber auch hier gilt: üben, üben, üben.

Somit übe ich mich in Gelassenheit, lebe meine alten und neuen Träume, entsorge und verarbeite die alltäglichen Erlebnisse, akzeptiere dort, wo es nicht zu ändern ist, und entscheide für mich und mein Seelenheil, damit es mir mit Madame MS und Mademoiselle größtenteils gut geht.

Mit diesem Buch möchte ich all diejenigen erreichen, die auch auf der Suche sind und Lebenskrisen verarbeiten wollen. Die durch den Kauf dieses Buches hoffentlich einige Anstöße finden, Angehörige besser mit ihrer Außenseiter-Situation zurechtkommen und mit Liebe, Geduld und Kraft einen gemeinsamen Weg finden. Mir liegt am Herzen bei diesen Menschen im Innern einen Stein ins Rollen zu bringen und meine Erfahrungen, mein fachliches Wissen über die MS und Zuwendungen, die ich in all den Jahren erfahren durfte, weiterzugeben. Wir haben es selbst in der Hand, wie wir mit unserem Leben verfahren und wie wir mit einer Lebenskrise umgehen. Das ‚Lebenslänglich' kann sich in alle Richtungen positiv entwickeln, wenn wir uns mit uns selbst aussöhnen. Zumindest wünsche ich mir das für alle Betroffenen und meinen Lesern von ganzem Herzen. Seien sie gut zu ihrem Schutzengel und zu sich selbst!

Bei jedem Kauf eines Buches dieser Trilogie spende ich 1 Euro an den DMSG-Landesverband Rheinland-Pfalz!

Erstes Buch

Frauenpower trotz MS

...aus dem Leben gegriffen!!

Kapitel

Kurze Vorstellung:

Mein Name ist Caroline Régnard-Mayer und ich bin 44 Jahre alt. Ich wohne in Landau in der Pfalz, mein Beruf ist Medizinisch technische Laboratoriumsassistentin, alleinerziehend mit zwei Kindern, Diagnose Februar 2004, schubförmig remittierender Verlauf, Therapien wie Interferone, Copaxone, Homöopathie, zzt. Tysabri. Meine Hobbies sind Waldspaziergänge, Lesen, Freunde treffen, Theater, meine Kinder.

Der Tag der Diagnose, trotz jahrelangem Suchen, schlug ein wie eine Naturkatastrophe, verheerend und unbarmherzig, aus dem Nichts geboren. Es benötigte viel Zeit der Regeneration und des Wiederaufbaus.

Nach einer gescheiterten Ehe und dem enormen finanziellen Verlust hatte ich im Jahr 2004 mein und unser Leben zu Dritt wieder im Griff. Doch der Tag der Diagnose im Februar 2004 veränderte mein Leben grundlegend. Es bedurfte einer langen Zeit, um zu verstehen, umzudenken, sich neu zu orientieren und umzuorganisieren.

Mit 39 Jahren bekam ich es schwarz auf weiß, dass ich die Krankheit Multiple Sklerose (MS) habe und sie mich nun durch mein Leben begleiten sollte. Unwiderruflich lebenslänglich. Erschreckende Worte, die mich bis ins Mark trafen, doch das eigentliche Realisieren kam Monate später.

Mitten im Leben, allein mit zwei Kindern versuchte ich ganze vier Monate, das „Normale" aufrechtzuerhalten, und begann, der Krankheit mit den 1000 Gesichtern den Kampf anzusagen. Leider verlor ich den Kampf und wurde in der Probezeit im neuen Labor nach einem Schub entlassen.

Anstatt mir Ruhe zu gönnen, schulterte ich mir noch mehr auf und horchte nicht mehr in mich hinein. Zwei bis drei Schübe im

Jahr waren die Folge. Aber ich wollte es ja allen beweisen und mir am meisten.

Nun versuche ich, mehr in mich rein zu horchen und möchte auch etwas von meiner Geschichte Menschen erzählen, die in einer ähnlichen Situation sind und vielleicht ähnlich denken und handeln. Ich möchte meine Krankheit und meinen Alltag erzählen, Ereignisse verarbeiten, Angehörigen erklären, was ihre betroffenen Partner oder Kinder nicht können, und Mut machen. Ich hoffe, dass ich auch meinen Kindern Erklärungen und meine Gedanken in diesen vielen Seiten hinterlassen kann. Es ist mein großer Herzenswunsch.

Durch meine Lebenskrise mit der MS lebe ich bewusster, orientierte mich neu und entwickelte neue Sichtweisen. Die MS war eine Chance in der Krise. Ich nehme meine Bedürfnisse und Wünsche ernst und versuche, mit Menschen in Kontakt zu bleiben, die mir gut tun. Es gibt Tage, da geht nichts, und andere Tage, an denen ich vieles erleben darf und will. Von vielen Gewohnheiten habe ich schon Abschied nehmen müssen. Doch es gibt Dinge, die ich vor der Erkrankung nie getan hätte.

An dieser Stelle danke ich meiner Freundin Katja, die mir im November ein Buch über eine Künstlerin, die über ihre MS schreibt, in die Klinik brachte. Katja war nicht nur da, als ich sie brauchte, sie brachte den Stein in meinem Inneren zum Rollen, um selbst ein Buch zu schreiben.

Ich möchte allen Menschen, die sich die Zeit nehmen, mein Buch zu lesen, zeigen, dass man niemals aufgeben darf (ich habe schon 13 Schübe, teils schwere), sich immer wieder aufraffen sollte für sich selbst, der Kinder wegen und für das Leben. Es kann noch so viel Schönes passieren, Bereicherungen geben, egal ob durch einen Menschen, die Natur oder uns selbst. Wir sind nicht allein, müssen die Augen auch für kleine Dinge im Alltag offen halten und an uns und die fortschreitende Medizin glauben. Mir helfen oft die Gespräche mit unserem Kaplan, die Bücher von Anselm Grün und meine lieben Freundinnen. (Danke für eure riesengroße Geduld!)

Ich krempelte wie schon so oft in meinem Leben die Ärmel hoch und schrieb mir alles von der Seele. Die vielen Monate des Schreibens waren sehr wichtig für mich, aber manchmal hätte ich gerne die einzelnen Momente des Eintauchens in die Vergangenheit in die letzten Ecken meines Bewusstseins verdrängt. Waren sie dort nicht all die Jahre gut aufgehoben?

Nun es ist vollbracht, und ich schließe stolz die Kapitel meines bisherigen Lebens.

Vorwort

Ich bin am Ende meines Ziels, das Buch ist nun druckreif. Nichts möchte ich mehr verändern. Rechtschreib- und Kommafehler, die ich eventuell doch übersehen habe, wird man mir hoffentlich verzeihen. Die Beiträge verfasste ich so, wie es mir das Leben vorgegeben hat.

Jeder Mensch, der an einer chronischen Erkrankung wie der Multiplen Sklerose erkrankt ist, hat seine eigene Geschichte, seine persönlichen Erfahrungen und seinen Leidensweg mit der Krankheit Multiple Sklerose. So soll es auch von den Lesern gesehen werden. Ich schreibe *meine* Geschichte!

Die Kapitel dieses Buchs spiegeln einige Jahre meines Lebens vor und nach der Diagnose wider.

Mein Anliegen war, vor allem Neu-Betroffenen Mut zu machen und vielleicht eine Richtung zu weisen. In manchen von mir geschriebenen Beiträgen sich selbst zu erkennen und rechtzeitig seine Ziele nicht aus den Augen zu verlieren. Jeder von ihnen hat seine eigene Geschichte und doch verbindet uns etwas, das Nicht-Erkrankte zum Außenseiter macht, so verschieden unsere Lebenserfahrungen auch sind.

Landau, im Juli 2009

Die ersten Symptome oder der „eingebildete“ Patient!

Wenn ich heute zurückblicke, begannen die Gründe bzw. Vorstufen am Ausbruch meiner Erkrankung 1995 mit der Geburt meiner Tochter, deren angeborene Hüftdysplasie und die damit verbundenen Sorgen, Ängste und Aufopferungen mich bis ans Äußerste meiner Kräfte brachten. Sarah wurde viermal in ihren ersten zwei Lebensjahren operiert und ein schweres Asthma kam im ersten Jahr ihres Lebens dazu. Ich war verheiratet und doch alleine, ob es um die teils sehr kräftezehrende Pflege von Sarah und die vielen Klinikaufenthalte ging oder um zu treffende Entscheidungen. Nur meine Eltern unterstützten mich, soweit es bei 300 km Entfernung ging.

Eine tatkräftige Unterstützung hatte ich auch in meiner Freundin Susanne in Erlangen. Die vielen Arzttermine, Kontrolluntersuchungen und Klinikbesuche ließen keine Zeit für andere Erlebnisse und keinen Ausgleich. Erschöpfung, Schlafdefizit und Wahnvorstellungen begleiteten meinen Alltag. In dieser Zeit hatte ich oft das Gefühl, meine Beine oder Hände würden mir den Dienst versagen. Aber da ich von Natur aus ein zupackender, positiv denkender Mensch bin, meisterte ich auch diese sehr schwere Phase meines Lebens.

Wie ich die Kraft dafür aufbrachte, weiß ich heute nicht mehr. Aber noch viele Prüfungen sollten mir bevorstehen. Mein Leitspruch ist auf pfälzisch ausgedrückt: Als weiter!

Gründe für die Erkrankung zu finden, gäbe es viele, aber das ‚Warum‘ ist unwichtig. Wichtig ist, so damit zurechtzukommen, dass ich ein den Umständen entsprechendes, erfülltes Leben führen kann.

Im Jahr 1998 hatte ich erste Taubheitsgefühle in den Händen, vor allem nachts, die ich irgendwann endlich ernst nahm. Mein damaliger Hausarzt, den ich nach Monaten anhaltender Beschwerden aufsuchte, hatte keine Erklärung dafür. Er konnte mich soweit beruhigen, dass ich versuchte, die tauben Hände morgens zu ignorieren. Und siehe da, so wie die Symptome plötzlich kamen, so waren sie auch wieder verschwunden.

Ich ging meinem Alltag nach, fuhr mit meiner dreijährigen Tochter Sarah aufgrund ihres Asthmas zur Reha nach Davos. In diesem Jahr sind mein damaliger Mann, Sarah und ich von Erlangen zurück in die Pfalz gezogen. Wir hatten uns eine Doppelhaushälfte in der Nähe von Landau gekauft. Den Innenausbau machten wir selbst. Auch die Erkrankung meiner Tochter hielt mich auf Trab. Dadurch hatte ich eine gute Entschuldigung für meine Stresssymptome, die Erschöpfungszustände und die tauben Hände.

Da die MS sich oft ganz diskret in unser Leben einschleicht, erkennen wir meistens die Erstsymptome nicht. Aber die Vorboten sind da, auch wenn nur andeutungsweise. Viele MS-Patienten können rückblickend über Krankheitsanzeichen berichten, die man sehr schwer als erste Anzeichen erkennt. So kann auch ich nicht mit Sicherheit sagen, wann meine MS überhaupt begann.

Mein Diagnosetag ist der Februar 2004, schriftlich festgehalten im Abschlussbericht des Klinikums Ludwigshafen. Das Ende wird nie festgeschrieben werden.

Im Sommer 1998 hatte ich eine Fehlgeburt in der 12. Schwangerschaftswoche. Die Monate danach war ich antriebslos, ständig erschöpft, traurig und hatte gelegentlich Taubheitsgefühle in den Händen. Eine erneute „Ausrede“ war gefunden. Die nächste Schwangerschaft verlief eigentlich ohne nennenswerte Komplikationen, außer dass ich eine sehr schwere Grippe zu Beginn hatte. Zudem begleiteten mich ständige Müdigkeit und Übelkeit bis zum Ende der Schwangerschaft. Meine Blutzuckerwerte kletterten in gefährliche Höhen. Da ich mein Baby nicht mit Medikamenten belasten wollte, hielt ich eine strenge Diät ein. Im Nachhinein war diese Schwangerschaft für die MS nicht förderlich, aber heute möchte ich meinen Sohn um nichts in der Welt wieder hergeben.

Joel war in den ersten fünf Monaten ein gesundes Kind, bis auch bei ihm eine beidseitige Hüftdysplasie diagnostiziert wurde. Zum Glück musste er nicht operiert werden. Aber in einer orthopädischen Klinik in Erlangen bekam er wie Sarah eine spezielle Hüftschiene, die er nun Tag und Nacht tragen musste.

Mein Söhnchen fiel tagsüber in kurz andauernde Erschöpfungsschlafzustände, und nachts weckte er mich alle 30 bis 45 Minuten. Ich konnte mich in diesen 6 Monaten seiner Therapie kaum noch auf den Beinen halten.

Sarah wachte zu dieser Zeit auch noch drei- bis viermal in der Nacht auf. Mein Mann zog ins Gästezimmer in den Keller, unterstützte mich sehr wenig, als ginge ihn das Ganze nichts an. Unsere Ehe ging ein Jahr später dann in die Brüche.

Ob ich zwischen 1998 und 2001 irgendwelche weiteren Symptome bezüglich der MS hatte, kann ich heute nicht mehr mit Bestimmtheit sagen. Für mich war damals keine Zeit. Ich war in dieser Zeit chronisch übermüdet, antriebslos, gelegentlich hatte ich Taubheitsgefühle in den Händen und das erste Mal im linken Bein, jedoch sehr diskret.

Im März 2001 suchte ich aufgrund von Sensibilitätsstörungen der linken Leiste und des linken Beines einschließlich tauber Zehen meinen Hausarzt auf, der mich zuerst zum Neurologen Dr. E. und dieser mich wiederum zum Orthopäden überwies. Dieser Orthopäde begleitet mich noch heute ärztlich. Er stellte damals bei Tests schon abgeschwächte Reaktionen fest, z.B. leichte motorische Störungen, Schwäche beim Stufentest und diversen anderen Tests. Er hatte den Verdacht auf eine Polyradiculitis (Virus, der die Wirbelsäule befällt) und eine lumbale Nucleusprotrusion (Bandscheibenvorwölbung). Es wurde ein MRT der LWS und unteren BWS, eine neurologische Abklärung und Schonung verordnet. Beim MRT kam nur eine leichte Bandscheibenprotrusion L4/5 heraus, mit der ich heute immer noch sehr gut lebe.

Also zum nächsten Neurologen, denn ich wollte eine zweite Meinung von einem weiteren Facharzt. Dieser meinte, den Verdacht einer Polyradikulopathie könnte man vermuten, auch wenn das Beschwerdebild nicht typisch sei, und hat mir weiterhin das Medikament Keltican verordnet. Da mir keiner damals richtig helfen konnte, wartete ich einfach ab, bis die Taubheitsgefühle und Sensibilitätsstörungen verschwanden.

In meiner Familie änderte sich erneut am 10. Juni 2001 alles. Mein damaliger Mann erkrankte an einem Hirntumor. Nach seiner Operation und anschließenden Reha zog er ohne Ankündigung, aber mit gesperrten Konten und Postnachsendeantrag bei uns zu Hause aus. Seine Eltern und er standen plötzlich mit Koffern vor der Tür und nahmen alle wichtigen Unterlagen und Persönliches mit. Ein Überfallkommando vom Feinsten, unterstes Niveau einer neureichen Familie.

Ich stand nun mit zwei kleinen Kindern (Sarah 5 und Joel 2) von heute auf morgen ohne Geld alleine da. Ich musste schnell handeln und suchte mir sofort eine Putzaushilfestelle im Hallenbad, einen Rechtsanwalt und eine neue Wohnung. Das Haus schrieb ich zum Verkauf aus.

Meine Symptome setzten wieder ein. Da unerträgliche starke Schmerzen dazukamen, dachte ich an eine Thrombose. Nach dem Dienst im Hallenbad, nachts gegen 1.00 Uhr, fuhr ich deswegen zur Notfalldienstzentrale. Fehlalarm! Es folgten Schmerzmittel, 10 kg Gewichtsabnahme, Umzug. Ich fing am 01.03.2002 eine Halbtagsstelle mit Nacht- und Wochenenddiensten als MTA in einer Klinik an. Da ich unter permanentem Stress mit dem Beruf, den Kindern, Gerichtsprozessen wegen Unterhalt und Umgangsrecht und wegen der finanziellen Sorgen stand, kamen die Symptome immer wieder zurück. Auch meine Augen waren im Herbst 2002 betroffen. Zum Glück bildete sich damals noch alles zurück.

Im Juli 2003 ging ich wieder zum Neurologen, der mir Antidepressiva und Schlafmittel verschrieb. Lakonisch meinte er: „Zu große familiäre Belastungen!" Zu Hause schmiss ich alles in den Mülleimer, denn ich hatte Taubheitsgefühle mit Sensibilitätsstörungen und keine Depressionen. Die Praxis dieses Neurologen habe ich nie mehr betreten.

Wieder abwarten, dass die Symptome verschwinden? Nein, ich spürte, dass etwas mit mir nicht stimmte. Ich brachte im Labor keine richtige Leistung, war erschöpft, hatte Konzentrationsprobleme und ein ständiges Einknicken im linken Bein. Der Frauenarzt, den ich in meiner Verzweiflung aufsuchte, konnte logischerweise auch nichts feststellen.

Ende Mai 2003 beendete ich meine befristete Stelle im Krankenhaus. Ich war nun arbeitslos. Mit meinen Kindern fuhr ich 4 Wochen zur Reha in eine psychosomatische Klinik nach Bad Kreuznach. Es war dieser heiße Jahrhundertsommer. Meine Beine funktionierten dort fast gar nicht mehr. Von der Stationsärztin bekam ich den tollen Tipp, meinen Kopf frei zu machen, dann könnte ich wieder laufen. Wieder die Diagnose Depression!
Wenn ich heute darüber nachdenke, wundert es mich, dass ich nicht wirklich Depressionen bekam bei all dem ganzen Quatsch!

Zu Hause ging ich nochmals zum Orthopäden. Aufgrund von Röntgenbildern, die ich selbst im Krankenhaus bei der vorhergehenden Arbeitsstelle machen ließ, hatte ich nun eine postinfektiöse Polyradiculitis (s.o.), eine geringe Skoliose und eine angeborene Hüftdysplasie. Krankengymnastik wurde verordnet.

Mittlerweile hatte ich mich zu einem Strahlenschutzkurs in Karlsruhe angemeldet, um beruflich weiterzukommen. Drei stressreiche Wochen von morgens 6.30 Uhr bis 19.30 Uhr folgten. Die Prüfung konnte ich mit Erfolg abschließen.

Im September 2003 musste ich erneut den Neurologen aufsuchen, der mir heute noch treu zur Seite steht. Ich hatte wieder Taubheitsgefühle und Sensibilitätsstörungen in den Beinen und Händen.

Wir wissen ja alle, dass bei MS keine Herde in der LWS zu finden sind, und da mein Arzt anscheinend damals schon einen Verdacht hatte, schickte er mich zum MRT der BWS. Diese MRT-Untersuchungen sind der reinste Horror für mich, da ich unter Klaustrophobie leide. Nur mit Beruhigungsmitteln lege ich mich in solch eine Röhre, denn schon beim Betreten der radiologischen Räume ereilt mich die Panik, und ich denke an eine Umkehr.

In seinem Bericht stand: Verdacht eines älteren myelitischen Herdes. Im MRT sah man diskret ein intramedulläres Ödem, möglicherweise entzündlicher Genese. Der Radiologe äußerte den Verdacht auf eine demyelinisierende Erkrankung. Ein Schädel-MRT wurde empfohlen. Und ich immer noch ahnungslos!

Diese Untersuchung ließ ich erst im Januar 2004 machen, da mir mein Hausarzt nach dem Befund mitteilte: „Sie sind doch gesund und nur eine Belastung für die Krankenkasse durch die MRT-Kosten!"

Aber im Dezember 2003 während einer erneuten Reha mit meiner Tochter in Davos ging es mir sehr schlecht, die üblichen Ausfälle und Schwindelanfälle.

Mein Neurologe deutete im Januar dann schon nach dem Befund des Schädel-MRTs an (Marklagerläsionen, dicht am Balken Entmarkungsherde mit Schrankenstörung, Verdacht auf MS), dass auch er eine MS vermute, und überwies mich ins Klinikum Ludwigshafen zur Lumbalpunktion und weiteren Abklärung im Februar 2004.

„Wo war der „eingebildete" Patient?" fragte ich mich...

„Der Diagnose-Schock“

Am 17.02.04 kam ich nun mit zwiespältigen Gefühlen, mit einer großen Angst vor der Wahrheit, auf der anderen Seite mit positivem Denken - mich wird es schon nicht treffen - im Klinikum Ludwigshafen Neuro 1 an. Mein Vater fuhr mich in die Klinik. Von nun ab war ich auf mich alleine gestellt.

Es folgten endlose Untersuchungen von EEG, Blutentnahme, SEP, AEP und vieles mehr. Nichts verstand ich von all dem - heute bin ich fast Weltmeister im Verstehen! Ausführliche Gespräche über meine Symptome der letzten Jahre folgten.

Am zweiten Tag erfolgte dann die Lumbalpunktion. Einmal und nie mehr!

Ich hatte solch eine Angst und dann das Gefühl der Nadel in meinem Rückenmark, nicht in Worten zu beschreiben. Die Assistenzärztin musste noch sehr unerfahren sein nach dieser Folterprozedur, ihren Schweißperlen auf der Stirn und ihrem plötzlichen Verschwinden zu urteilen. Anschließend befolgte ich den Rat der Ärzte, 12 Stunden zu liegen und viel zu trinken, aber aus den wenigen Stunden wurden noch fünf Tage Bettruhe. Denn ich bekam nach der Punktion solche unerträglichen Kopfschmerzen, die nicht an meine schlimmsten Migräneanfälle herankamen. Zum Glück ging es meiner Bettnachbarin Katja auch so, sonst hätte ich an mir gezweifelt.

Die kommenden fünf Tage verbrachten wir im Liegen mit Essen, Erzählen und Hoffen.

Mit Katja, die am selben Tag die Diagnose erhielt, verbindet mich heute eine Freundschaft mit allen Höhen und Tiefen. Bei meinen schlimmsten Schüben steht sie immer an meinem Klinikbett.

Nun hieß es abwarten, und die Ergebnisse ließen auf sich warten, da es das Faschingswochenende war. Helau!

Eigentlich habe ich es ja geahnt, aber als der Oberarzt mit drei Assistenzärzten am *21.02.04* vor meinem Bett stand, war es doch ein unbegreiflicher SCHOCK.

Ich hatte MS.

Vor den Ärzten behielt ich die Fassung, beruhigte sie noch, weil sie so anteilnehmend waren. Ich dachte, die reden über jemand anderen, aber doch nicht über mich! Aber dann...

Katja und ich weinten zusammen, jeder für sich und doch auch um die andere.

Was man in solch einem Moment empfindet, wenn man erfährt, unheilbar erkrankt zu sein, ist fast unmöglich in Worte zu fassen. Schock, Angst, Trauer, Leid, Verlust, seelische Erschütterung, Schmerz, tiefste Traurigkeit, Lähmung, Zukunftsangst, tausende von Fragen, nicht begreifen, nichts Greifbares, ein Nebel umgibt einen. Es trifft dann doch nicht immer nur die Anderen!

Eine halbe Stunde später kam mein Vater. Er versuchte, die Fassung zu wahren, da er eine starke Persönlichkeit ist. Die nächsten Tränen liefen mir über das Gesicht. Ich nahm meine Tasche und fuhr mit ihm nach Hause zu meiner Mutter und meinen Kindern.

Ich sah alles nur durch einen Schleier, versuchte gefasst meinen Kindern gegenüberzutreten, da sie mich nur als starke Mama kennen. Meine Mutter versuchte auch, die Fassung zu finden. Wie es in ihr aussah, kann man sich vorstellen.

Das Mittagessen habe ich überstanden, die Wochen und Monate danach auch. Ich saß an diesem „ersten" Abend alleine auf der Couch, die Kinder schliefen. Mein Blick war ausdruckslos, mein Körper erstarrt. Ich fühlte mich wie in einer leeren Hülle. Regungslos und absolut unfähig, überhaupt zu begreifen.

Nach den vielen Jahren der Suche meiner Symptome hatte das Ganze endlich einen Namen. Aber welch einen Namen: *Multiple Sklerose.*

Wie in Trance verstand ich auch irgendwie, dass ich damit endlich etwas anfangen konnte und entsprechend handeln.

Am nächsten Tag kaufte ich mein erstes Buch über MS. Ich wollte alles über diese miese Erkrankung wissen. Was wird sie aus mir machen? Gibt es Medikamente? Welche Therapie? Wie geht es beruflich weiter?

Denn schon montags fing ich eine neue Arbeitsstelle als MTA halbtags mit Wochenend- und Nachtdiensten in der Asklepiusklinik Germersheim an. Irgendwie habe ich es bis zu diesem Montag geschafft, zu funktionieren.

Viele Freunde haben angerufen und mir ihre Hilfe oder Gespräche angeboten. Leider haben sich einige mit Verschlimmerung meiner Erkrankung aus dem Staub gemacht. Aber ich habe noch einige wertvolle Freundinnen mit Anhang, die bis heute zu mir halten. Sie sehen in mir den Menschen, der ich immer noch bin und nicht die MS, die mich seelisch und körperlich verändert hat.

Auch meine Eltern und mein Bruder waren im Schockzustand. Besonders meine Eltern unterstützten mich sehr.

Mit dem Krankheitsschock musste ich alleine fertig werden. Immer wieder starrte ich stundenlang vor mich hin.

Mein erster Arbeitstag verlief gut, ich war abgelenkt. Leider hatte ich Ende März meinen nächsten Schub. Mir fiel ständig etwas aus der Hand. In den Armen hatte ich Taubheitsgefühle und ich hatte Konzentrationsprobleme. Mein Neurologe verschrieb mir orales Cortison, damit ich weiterarbeiten konnte. Begriffen hatte ich damals nicht, warum ich es nehmen soll, und habe auch zu spät die Symptome bemerkt, die sich vor einem Schub ankündigen. Denn immer noch glaubte ich nicht an meine unheilbare Erkrankung, die mich ein Leben lang begleiten sollte.

Im Labor für meine Kollegen hatte ich eine Nervenentzündung, da mein Mondgesicht am Morgen nicht zu übersehen war. Ich konnte mit der Krankheit noch nicht umgehen, hasste sie. Die ersten Anzeichen eines Schubs übersah ich damals noch.

Da ich trotz allem sehr schnell eingearbeitet war, selbst im Röntgen und im neu erlernten EKG-Bereich, wurde ich umgehend für Nacht- und Wochenenddienste eingesetzt.
Ich wollte unter allen Umständen im Beruf bleiben und versuchte vier Monate, das „Normale“ aufrecht zu erhalten.

Mein nächster Schub im Juni kostete mich meine Arbeitsstelle, da ich noch in der Probezeit war. Hätte ich doch damals schon einen Schwerbehindertenausweis gehabt!

Ich hatte Gleichgewichts- und Sensibilitätsstörungen, Sehprobleme, Gangunsicherheit, Missempfindungen in den Beinen und Armen, konnte kaum die Treppe in unsere Dachwohnung schaffen. Ich wurde krankgeschrieben, bekam 5x1000mg Cortison und zur Krönung des Ganzen die Kündigung.

Ich verstand zwar auch meinen Arbeitgeber, aber trotzdem kam ich mir wie weggeworfener Müll vor, als Mensch entwertet, der vielleicht nur vorübergehend keine Leistung bringen konnte, überflüssig, und ich verfluchte meine MS. Noch in dieser Zeit hoffte ich, dass das Klinikum anrufen und mir mitteilen würde, dass sie die Blut- und Liquorproben vertauscht hätten. Ich weiß, dass es irrational und befremdend für den Leser ist, aber die Hoffnung stirbt zuletzt.

Ich verstand die Welt nicht mehr, mich am wenigsten, bemitleidete mich, war ungenießbar.

Außer mich schonen und das Cortison wirken zulassen, konnte ich nicht viel tun. Ich wartete auf eine Rehabilitationsmaßnahme. Während dieser Zeit suchte ich mir mit den Kindern eine neue Wohnung im Erdgeschoß, durchstöberte das Internet nach allem, das mit MS zu tun hatte, und kaufte Bücher darüber.

Ende Juli fing ich an, Betaferon zu spritzen. Die ersten drei Monate hatte ich jeden zweiten Tag leichtes Fieber, Gliederschmerzen und Schüttelfrost. Bei jeder Spritze dachte ich ans Aufhören. Aber

ich hoffte so auf ein schubfreies Leben und kämpfte mich irgendwie durch.
Ich versuchte auf der einen Seite positiv zu denken, auf der anderen Seite fragte ich mich ständig, warum ich?! Dann verschwanden allmählich die Nebenwirkungen. Leider hatte ich noch viele Restsymptome vom Schub und war froh, Mitte September in die Reha nach Bad Buchau/ Schwäb. Alb fahren zu dürfen.
Die neue Wohnung hatte ich ab 01.10. gemietet. Über Umzug und Packen machte ich mir noch keine Gedanken, nur eine neue Küche bestellte ich noch schnell. Dann machte ich mich auf den Weg nach Bad Buchau!
Ich wollte und konnte es zum damaligen Zeitpunkt nicht begreifen, akzeptieren schon gar nicht. Ich lebte mit ihr oder sie mit mir, aber akzeptieren – Nein! Ich kämpfte gegen sie, jeden Tag auf ein Neues, mal mehr, mal weniger. Ich kann sie nicht bezwingen und bei jedem Überlisten bekomme ich die Quittung. Aber wir beide versuchen, miteinander auszukommen, mal mehr, mal weniger.

Die MS war ein Schock für mich,
aber auch ein zweites Leben.
Nicht besser und schon gar nicht schöner,
aber anders, teils interessanter.
Ich habe zu vielen Dingen einen anderen Bezug
bekommen,

Unwichtiges tritt in den Hintergrund,
habe in der Religion viel Trost und Antworten
gefunden,
nehme das Leben intensiver wahr,
aber habe auch viel einstecken müssen - manchmal zu viel.
Mit der MS kam auch die Einsamkeit, das Verlassenwerden
und das Anderssein.

Nach dem Schock kam das Begreifen. Danach käme vielleicht das Akzeptieren, das will ich nicht. Ich hätte das Gefühl mich aufzugeben. Ich weiß auch, dass ich meine Erkrankung nicht besiegen kann, aber ich werde niemals aufgeben, zu kämpfen!

(Anmerkung: Stand 03/2011
„Man soll nie, nie sagen! ...denn Kampf war gestern.)

Ich bekenne bzw. oute mich!

Als ich die Überschrift zu diesem Artikel schrieb, schaute mir meine Tochter über die Schulter und meinte: „Was hat die MS mit Outen zu tun?"
Nun saß ich da am PC alleine und grübelte. Laut meiner Tochter sollte ich etwas bekannt geben. Wir werden sehen! Nun lege ich mal los, und am Ende werde ich mir dieselbe Frage noch einmal stellen: Outen bzw. etwas bekannt geben bzw. mich bekennen?

Das Leben kann manchmal voller Überraschungen stecken und so spannend wie im Kriminalroman sein. Nur jeder von uns, sieht es aus einer anderen Perspektive.

Ich für meinen Teil hatte nun die Diagnose, aber noch kein Rezept, wie ich damit umgehen sollte. Wie sage ich es den anderen? Will ich es überhaupt sagen? Und warum?

Meine Eltern waren die ersten, die von „meiner" MS erfuhren. Bestürzung und Ratlosigkeit machten sich breit. Es hat lange Zeit gedauert, dass beide etwas über die Krankheit gelesen haben. Aber was ist schon Zeit? Nach dem Schock kam das Annehmen müssen, das Hoffen auf neue Therapien und Medikamente. Gesprochen wurde wenig über meine Erkrankung. Das Leben musste auch für meine Eltern weitergehen. Dies erzählt mir meine Mutter aus heutiger Sicht.

Meine Kinder konnte ich erst mit den Jahren an das Thema heranführen. Mein Sohn war damals 4 Jahre und meine Tochter 8 Jahre. Beide spürten aber von Anfang an, dass etwas Unheilvolles über uns schwebte. Sie hatten Angst, dass sie nun auch mich verlieren könnten. Ich nahm bei meinen Kindern das Wort MS nicht in den Mund, da es mir selbst noch so fremd war.

Montags fing ich meine neue Arbeitsstelle als MTA an, und da waren wir aufs Erste alle mit dem Neuorganisieren des Alltags beschäftigt. Erst mit der Zeit begriffen meine Zwei, dass ich als Mutter nicht mehr so leistungsfähig war, auch trauriger als früher. Mit dem zweiten offiziellen Schub seit der Diagnose kamen für die Kinder auch deutliche Veränderungen, denn jetzt wussten sie mit Sicherheit, ihre Mama ist „anders" als andere Mamas. Denn sichtbare Zeichen, wie Laufschwierigkeiten und Gleichgewichtsstörungen, ließen sich nicht mehr verstecken. Auch die beginnenden Interferon-Injektionen kamen dazu. Meine Große versuchte ich, mit einfachen Worten zu beruhigen. Ob es mir gelungen ist, bezweifle ich heute.

Mit den Jahren und den ständigen Schüben sind sie einfach hineingewachsen. Sie wissen, ich bin die gleiche Mama wie vorher, aber mit körperlichen Einschränkungen. Mein Sohn stellte mir viele Fragen. Er besuchte mich auch in der Klinik und hat sich das MS-Buch für Kinder mit mir angeschaut. Meine Tochter ist verärgert über die ganze Situation, weil ich „anders" bin, auch nicht berufstätig. Unser Alltag ist oft nicht vergleichbar mit dem Alltag anderer. Sie will keine Einzelheiten über die Erkrankung wissen, ignoriert sie und besucht mich nicht in der Klinik. Aber ich verstehe sie beide. Jeder geht mit dem Verarbeiten einer Erkrankung anders um. Ich bewundere und danke beiden Kindern für ihre Liebe, ihr Engagement und Verständnis gegenüber mir und meiner MS.

Meinem neuen Arbeitgeber verschwieg ich die MS. Bei der ärztlichen Untersuchung gab ich nichts preis. Ich wich allen Fragen in diese Richtung aus. Den ersten Schub Ende März konnte ich mit einer Nervenentzündung erklären. Ich nahm orales Kortison und wurde bedauert. Am meisten bedauert habe ich mich selbst.

Der nächste Schub im Juni bedeutete das Aus im Beruf, und ich wurde in eine andere Richtung vom Schicksal gelenkt. Der leitenden MTA habe ich nach einer Woche Krankmeldung gestanden bzw. gebeichtet, dass ich MS habe. Ich erzählte mein Geheimnis und schämte mich für die Erkrankung. Welch Schwachsinn aus heutiger Sicht! Der Rest der Labortruppe erfuhr es auch, und drei Stunden später wurde ich zur Geschäftsleitung gerufen. Da war ich gefühlsmäßig nur noch am Ende und bat, dass ich selbst kündigen darf wegen dem Arbeitslosengeld. Mir wurde viel Glück gewünscht, und da stand ich nun mit den guten Wünschen vor der Tür!

Ich beantragte eine Rehabilitationsmaßnahme. Dort in der Klinik konnte ich über meine Erkrankung sprechen, d.h. mich bekennen. Ich war nicht alleine damit. Wir saßen alle im gleichen Boot.

Fremden Menschen gegenüber war ich am Anfang meiner Erkrankung sehr verschlossen, da ich nicht einschätzen konnte, wie sie reagieren. Mit der Zeit sprach ich auch mit Fremden darüber, um es irgendwie loszuwerden. Außer mitleidvollen und entsetzten Gesichtern brachte es mir aber noch mehr seelische Belastung ein, denn jeder hatte eine Geschichte parat. Entweder sie hatten jemanden in der Familie, der MS hat oder kannten irgendeine arme Seele. Sie berichteten mir ausführlich über deren gesundheitliches Befinden und Auswirkungen. Sie meinten, ich wäre ja noch gut dran! Auch die vielen Bemerkungen, dass ich noch laufen kann und nicht im Rollstuhl sitze, verstörten mich damals sehr.

Heute werde ich zornig über solche Bemerkungen, da sie unnütz und ohne Feingefühl erzählt werden. Ich überlege mir dreimal, ob ich es fremden Menschen überhaupt erzähle. Aber ich bin heute gewappnet, auf die vielen Fragen zu antworten und die wirklich Interessierten aufzuklären.

Ich spielte vom Anfang meiner Erkrankung bis heute die starke Frau, die ich gar nicht bin. Hauptsache, den Schein nach außen wahren! Mit den Jahren und dem schlechteren Verlauf meiner MS nimmt diese Stärke aber ab. Mein Ausflug mit der MS, um eine Bekannte zu zitieren, nimmt mir Kraft, verkürzt meine Wegstrecken und macht einsam. Nur der Humor bleibt, der über allem steht, der das alles nicht ernst nimmt und alles als ein gigantisches gegen die Zeit laufendes Spiel entlarvt.

In den jeweiligen Schulen meiner Kinder habe ich mich am Anfang auch bedeckt gehalten. Nur durch die vielen Schübe und damit verbundenen Laufprobleme, auch Klinikaufenthalte musste ich mich irgendwann outen. Wir bekamen dann Verständnis für die jeweilige Situation und ich die nötige Portion Mitleid.

Bei der Schulanmeldung zum Gymnasium meines Sohnes werde ich auch nichts erzählen, da verschweige ich sogar seine ADS. Zu viele negative Erfahrungen habe ich gemacht. Den richtigen Zeitpunkt wähle ich.

Nun bin ich am Ende und stelle mir die Frage erneut: Bekennen bzw. bekannt geben – ja?

Ich bekenne mich zu meiner Erkrankung, wenn ich mich danach fühle oder es für mich wichtig ist. Menschen, die meinen, sie müssten mir eine berauschende Geschichte darüber erzählen, lasse ich nicht aussprechen. Es tut mir nicht gut. Denn auch ich habe Rechte als gehandicapter Mensch und Anspruch auf Mitgefühl und Respekt.

Ich bin ängstlich und doch gespannt und habe Hoffnung, dass mich meine MS nicht ganz vom Weg abbringt. Ich bin auf einem anderen Weg, ob ich ihn gehen will, wurde ich nie gefragt.
Aber wichtig ist nur die Art und Weise, wie ich ihn gehe!
Mein größter Wunsch ist, den Jakobsweg zu gehen, und dies werde ich in den nächsten Jahren umsetzen - zum Erstaunen und Entsetzen der Anderen - aber zum Erstaunen und Beweisen mir selbst gegenüber!

Im Leben kommt es nur auf das Tun an,
das Genießen und das Leiden
finden sich von selbst ein.

(J. W. von Goethe)

Lebensplanung mit Knick

Die Diagnose MS, aber nicht nur sie, änderte jegliche Planbarkeit in meinem Leben.

Nach einer „unbeschwerten, glücklichen“ Kindheit absolvierte ich die Mittlere Reife in der Maria-Ward-Schule, Landau. Bis zum 12. Lebensjahr war ich ein sehr stilles, behütetes Kind, und deshalb wurde für mich auch der Realschulabschluss „entschieden“. Damit platzten später meine eigenen Pläne – Abitur und Medizinstudium - wie eine Seifenblase. Ich besuchte nach der Mittleren Reife das Naturwissenschaftliche Technikum und machte das Examen als Medizinisch technische Laboratoriumsassistentin. Es folgten viele abwechslungsreiche und vor allem erfolgreiche Berufsjahre mit privaten Veränderungen.

Ich plante alles, meine berufliche Laufbahn, mein Privatleben und auch meine Urlaube. Ich war der Meinung, man könnte sein Leben genau planen, wenn man nur Ziele und Träume hat und davon überzeugt ist, diese erreichen zu können.

Mit 28 Jahren arbeitete ich in einer Firma im Außendienst mit sehr gutem Verdienst und Firmenauto. Damals wohnte ich in Mannheim und lernte meinen geschiedenen Mann kennen. Wir planten ein Leben mit beruflicher und finanzieller Absicherung. Aber schon mit der Geburt meiner Tochter war das Leben nicht mehr planbar. Sie war sehr krank, ich alleine mit der Verantwortung und dem Alltag, der aus Pflege und Klinikaufenthalten bestand. Schon ein Einkauf oder ein Besuch musste organisiert und geplant werden, da meine Tochter durch das Tragen der Hüftschienen sehr eingeschränkt war. Auch mit dem Umzug von Erlangen nach Landau in das eigene Haus änderte sich nichts am Alleinsein und meinen Sorgen über Sarahs Erkrankung. Mein Mann war eben auf dem Karrieretrip. Als mein Sohn mit der gleichen Erkrankung wie meine Tochter auf die Welt kam, war keine Planung mehr möglich. Mein Leben geriet aus den Fugen. Beide Kinder krank, schlaflose Nächte, keine Unterstützung und viel Arbeit am neu gebauten Haus. Mit viel Durchhaltevermögen und Ehrgeiz regelte ich unseren Alltag.

Ich bin von Natur aus ein „Multi-Planer". Nicht nur der Beruf, die Urlaube und der Alltag mussten damals durchgeplant sein, am liebsten hätte ich auch noch mein zukünftiges Leben geplant. Es war ein langer, steiniger Weg mit Enttäuschungen, Machtkämpfen mit dem eigenen Ich und Vergeudung unnötiger Energie um einzusehen, dass fast nichts planbar im Leben ist.

Heute plane ich nur feste Arzttermine und die Therapie- und Freizeittermine der Kinder unter der Woche. Schon einen Besuch in zwei Monaten bei einer Freundin im Kalender einzutragen, überfordert mich regelrecht. Was könnte bis dahin noch alles passieren? Die MS und ihre Überraschungen stehen mir dabei im Weg. Am liebsten treffe ich mich spontan mit jemandem, was bei den meisten meiner Freunde unmöglich ist. So plane ich Termine auf lange Sicht mit der Option, „absagen zu dürfen". Noch vor ein paar Monaten bin ich morgens von Termin zu Termin gehetzt. Auch meine Beziehung sollte für die nächsten Jahre durchgeplant sein. Welch ein Trugschluss! Die vielen Schübe im letzten Jahr haben mich ausgebremst. Mein Leben ist jetzt planloser, aber ruhiger und überhaupt nicht langweilig.

Mit der MS zu leben, bedeutet für mich und meine Kinder, Ziele zu verfolgen, aber keine großen Planungen. Hier sind Flexibilität und Individualität gefragt. Ich versuche, meine Kinder bei ihren Zielen zu unterstützen und für sie da zu sein. Träume und Ziele kann ich aber weiterhin verfolgen. Sie müssen angepasst, revidiert und auf die Gegebenheiten muss Rücksicht genommen werden. Denn der nächste Tag kann schon voller unangenehmer Überraschungen stecken. Was heute planbar erscheint, gilt morgen vielleicht schon nicht mehr. Es fällt mir schwer, die Zukunft nicht mehr planen zu können und gelassener zu werden. Ich habe zwar die Erwartungen meiner Eltern nicht erfüllt, die bestimmte Vorstellungen von meinem Leben hatten. Aber ich schaue jetzt schon zurück auf ein Leben, in dem ich viel erreicht habe, meine Kinder, im Beruf, wertvolle langjährige Freundschaften. Ich führe ein selbstständiges Leben ohne Abhängigkeit.

Ich bin gespannt, was ich noch erleben werde, auch ohne Plan!

Verarbeitung der Diagnose - einen Versuch war es wert!

Ich sitze an meinem Laptop und starre auf die Überschrift. Mir stellt sich die Frage, kann man solch eine Erkrankung überhaupt verarbeiten oder akzeptiert man sie nur notgedrungen, da einem gar nichts anderes übrig bleibt? Macht man aus der Not nur eine Tugend? Verdrängt man nicht nur die schlechten Tage der Schübe, die Verschlimmerung der Erkrankung und hofft immer wieder auf gute Tage, auf neu entwickelte Medikamente, die diesem Albtraum ein Ende bereiten?

Verleugnen

Ich hasse diese, meine MS aus tiefstem Herzen, und doch hat sie mich auch eine Menge an Dingen in meinem Leben gelehrt. Gerne hätte ich diese Erkenntnisse auf schonendere Art erfahren, aber man wird ja nicht gefragt!

Die Diagnose traf mich wie eine kalte Dusche, wie ein Faustschlag in die Magengegend. Ich war am Ertrinken und habe aus purer Verzweiflung schwimmen gelernt. Aber nicht in einem stillen Gewässer, nein, wie in einer stürmischen See. Man wird mir jetzt entgegen halten, Hass versteinert unser Innerstes, ist für die Seele nicht gut. Da muss ich Recht geben. Jeder Psychologe würde mich darauf aufmerksam machen.

Das Leben mit der MS hat mich härter gemacht, manchmal vielleicht „ungerechter", aber auch bewusster, was mein Umfeld angeht.

Die Tage nach der Diagnose fühlte ich mich wie in einem Film. Ich unterhielt mich mit anderen und verstand sie aber nicht. Nichts drang zu meinem Bewusstsein durch. Notwendige Tätigkeiten verrichtete ich aus Gewohnheit. Reizbarkeit und Apathie wechselten sich ab. Ich wollte mich nicht mit meiner Erkrankung abfinden. Ich verstand die Welt nicht mehr, und die Welt verstand mich nicht.

Die Frage nach Gerechtigkeit und das „Warum?“ drängten sich mir auf. Bis heute habe ich keine Antwort darauf gefunden und werde sie auch nie bekommen. Aber vielleicht ist das Verleugnen in den ersten paar Wochen wichtig, um mit dem Schock, den diese Erkrankung auslöst, zurechtzukommen.

Ich verleugnete die MS bei meinem neuen Arbeitgeber. Ich wollte nicht wahrhaben, dass sich etwas ganz Entscheidendes in meinem Leben geändert hatte. Ich glaube, diese Zeit des Verleugnens ist auch wichtig. Ich versuchte, zumindest für lächerliche vier Monate das „Normale“ aufrecht zu erhalten. Die Zeit des Verleugnens darf nicht zu lang sein, denn wichtige vorbeugende oder therapeutische Maßnahmen sollten so früh wie möglich nach der Diagnose getroffen werden. Das weiß ich heute, aber damals war ich noch weit entfernt von diesem Wissen.

Verdrängen, Vermeiden

Nach meiner Entlassung während der Probezeit und der Zeit des Verleugnens verdrängte ich die MS. Ich begann zwar mit einer Interferonbehandlung und las alles über die Krankheit, aber ich nahm sie nicht an. Ich vermied die Auseinandersetzung, beantragte eine Reha und zog mich in mein Schneckenhaus zurück. Wenn Freunde und Bekannte nicht mit meiner Krankheit umgehen wollten, dann haben sie sich von mir verabschiedet. Ich weine ihnen bis heute keine Tränen nach. Die Menschen, die mich gut kennen, wissen, dass ich ein Stehaufmännchen bin, aber ich habe diese Zeit des Zurückziehens und der Trauer gebraucht. Ich trauerte einem Leben nach, das ich nicht mehr haben würde.

Als meine Tochter nach der Geburt schwer erkrankte und dann auch mein Sohn an derselben Erkrankung litt und meine Ehe scheiterte, glaubte ich, das wäre doch wohl genug, was ich ertragen muss. Aber dann verloren wir das Haus, ich meine Eigentumswohnung, das vorhandene Vermögen veruntreute mein damaliger Ehemann und fünf Prozesse folgten wegen des Unterhalts, des Umgangsrechts, der Scheidung. Ich nahm fast zehn Kilo ab, war chronisch erschöpft, spielte die starke Frau und erledigte meine Pflichten als berufstätige Mutter und den Haushalt. Das war anscheinend immer noch nicht genug. Ich erhielt die Diagnose MS.

Da begann die Zeit des Verdrängens und der Angst, die sich in viele Bereiche meines Lebens eingeschlichen haben. Ich empfinde viel weniger Freude und Trauer als früher. Ich bin abgestumpfter und oft emotionsloser. Ein Sonnenuntergang im Pfälzerwald oder die Vorfreude auf eine Reise erfüllten mich früher mit einem Glücksgefühl, das ich heute nicht mehr kenne. Es gibt Zeiten, da dringe ich selbst nicht zu mir durch. Wie soll es da ein anderer schaffen? Ich spule an etlichen Tagen mein Programm ab, Hauptsache überleben. Ich vermeide, soweit ich in der Lage bin, Konfrontationen, denn ich gehe noch zu oft als Verlierer daraus hervor.

Das Leben ist ein ewiger Prozess der Veränderung und der neuen Erfahrungen. Ich habe die Wirklichkeit akzeptiert und den Kampf gegen die MS noch nicht aufgegeben. Wir leben miteinander, mal mehr, mal weniger gut. Meine Schutzschicht ist nicht zu durchdringen, ich lasse es nicht zu. Zu oft habe ich wieder nach dem Hinfallen aufstehen müssen. Aber mein jetziges Leben ist gut, so wie es ist. Die MS ist zu meinem Wegbegleiter geworden. Viel wichtiger sind die Wegbegleiter, die mir ans Herz gewachsen sind, meine Kinder, Familie und Freunde.

Die Angst vor der Zukunft, die Angst vor dem Erwachen am Morgen ist allgegenwärtig. Aber ich verdränge sie, soweit es mir möglich ist, in die letzte Ecke meines Bewusstseins. Bei zwei Schüben war am Abend noch alles in Ordnung, und am nächsten Morgen konnte ich die Beine kaum bewegen, und einmal sah ich die Bäume und Autos vor dem Fenster doppelt. Solch eine Angst muss man zu verdrängen lernen, sie frisst einen sonst mit Haut und Haaren auf. Ich kann es, weil ich überleben und kämpfen will. Sonst verliere ich mich, und ich will stark sein für mich und meine Kinder. Ich will leben, auch mit der MS. Wenn ich die Ängste zulasse, ziehen sie mich in die Tiefe und ich bin am Ertrinken. Diese Wochen und Monate des Abgrunds kenne ich, und ich wehre mich gegen diese Dunkelheit und Einsamkeit. Noch gelingt es mir. Ich bin stolz auf mich und mein gemeistertes Leben, auch wenn ich viel Unsinn angerichtet habe.

Ich will aber auch Mut machen. Mit der Zeit wird man erkennen, welche Menschen einem gut tun.

Stress abbauen ist ein großes Thema bei der MS und nach meinem letzten schweren Schub achte ich noch mehr auf die Warnsignale meines Körpers. Ich kündigte meinen Minijob und verabschiedete mich von einer einseitigen Freundschaft mit einer Bekannten. Ich versuche, Aktivitäten zu machen, zu denen ich Lust habe und nicht, die mir andere diktieren. Zu vieles habe ich immer aufgeschoben, ich nehme mir jetzt die Zeit dafür. Irgendwann ist es zu spät für gewisse Dinge, auch ohne MS.

Ich schreibe an diesem Buch, weil es mir Spaß macht und ich es schon sehr lange vorhatte. Ich will das Leben noch genießen, auch mit "meiner" MS. Es gibt ja auch die guten kraftvollen Zeiten mit ihr. Bei den schlechten Tagen ist Ruhe angesagt, und dies kann ich mir jetzt endlich auch zugestehen.

Verleugnen – Verdrängen – Vermeiden – Kämpfen, das habe ich hinter mir. Es hat mich enorme Kraft gekostet, und jetzt ist Leben angesagt! Man sollte nicht zu viel Zeit und Kraft vergeuden!

Einsam ist man immer mit einer unheilbaren Krankheit, verdammt einsam. Aber man darf nicht das Leben und die Menschen vergessen, die man liebt und von denen man geliebt wird.

Und man sollte an die Zeit denken, die einem noch bleibt!

„Nichts ist so wichtig wie der heutige Tag"

(J. W. von Goethe)

Kortison - Mein „Rettungsanker" für schlechte Zeiten

Die Behandlung eines MS-Schubes stützt sich in erster Linie auf die Gabe von Kortison bzw. künstlich hergestellter Kortisonpräparate, sogen. Kortikoide. Kortison ist ein natürliches Hormon, das in der Nebennierenrinde gebildet wird. Da es morgens vom Körper bzw. der Nebennierenrinde ausgeschüttet wird, sollten auch die medikamentös zugeführten Kortikoide morgens verabreicht werden, um die körpereigene Bildung des Kortisons nicht vollständig zu unterdrücken und die Nebenwirkungen soweit wie möglich zu minimieren. Meist werden heute hoch dosierte, intravenös zugeführte Kortikoide in der Akutbehandlung eines MS-Schubes bevorzugt. Alternativ werden auch oral, mit Tabletten zugeführte Hochdosisbehandlungen, angewandt.

Ich persönlich vertrage die intravenösen 3- bzw. 5-Tage Stoßtherapien mit je 1 g Kortikoiden täglich besser, als die oralen Hochdosisbehandlungen.

Die intravenöse Gabe erfolgt als Kurzinfusion über 60-120 Minuten und kann ambulant gut durchgeführt werden. Zum Schutz vor Magengeschwüren werden gleichzeitig entsprechende Medikamente verordnet. Ein Ausschleichen bei diesen Gaben ist meist nicht erforderlich.

Insgesamt verkürzt und mildert eine Akutbehandlung mit Kortikoiden die Schübe mit den entsprechenden Beschwerden und beschleunigt die Erholung. Der langfristige Krankheitsverlauf wird aber dadurch nicht beeinflusst. Hierfür stehen Medikamente für eine Langzeitbehandlung und Reduzierung der Schubfrequenz zur Verfügung.

Fazit: Kortikoide führen nur zu einer Verkürzung und Abschwächung einzelner Schübe, nicht aber zu einer Beeinflussung des Krankheitsverlaufs!

Deshalb sollte man bei jedem Schub überlegen, ob die Gabe von Kortikoiden und die damit verbundenen Nebenwirkungen gerechtfertigt sind.

Hier wären noch ein paar Nebenwirkungen für jeden Neubetroffenen und „Schubpatienten“ aufzulisten, die möglich sind: innere Unruhe, Schlaflosigkeit, rotes Gesicht, Appetitsteigerung, Kopf- und Gliederschmerzen, geringe Wassereinlagerungen. Ein unangenehmer Geschmack kann sich während der Infusion einstellen, und Patienten, die zu Diabetes neigen, sollten den Blutzuckerspiegel überwachen. Zur Verminderung des Risikos der Bildung eines Magengeschwürs werden Magensäureblocker gegeben. Diese aufgeführten unerwünschten Wirkungen bilden sich in der Regel nach der Beendigung der Therapie in wenigen Tagen zurück.

Da ich mittlerweile schon sehr viele Stoßtherapien durchgestanden und erlebt habe, vertrage ich die Kortikoide nicht sehr gut. Aber mein Motto lautet für diese „Tage“: Böses mit Bösem vertreiben und Augen zu und durch! Auch diese Tage übersteht man. Mancher Schub ließ mir keine andere Wahl, um den Alltag mit den Kindern zu bewältigen.

Der erste Schub im März 2004 wurde mit oralem Cortison, dem Medikament Prednison behandelt. Ich nahm zu Beginn 200 mg und reduzierte jeden zweiten Tag um 40 mg. Die Nebenwirkungen bei mir waren ein rotes, heißes Gesicht bzw. typisches Mondgesicht am Morgen, Magenschmerzen und Übelkeit nach ein paar Tagen, Kopfschmerzen, Schlaflosigkeit. Da ich mit den Blutzuckerwerten in dieser Zeit immer Probleme habe, halte ich eine salz- und zuckerarme Diät ein. Außerdem leide ich eher an Appetitlosigkeit als an einer Appetitsteigerung. Zum Leidwesen aller Beteiligten bin ich sehr nervös und unausstehlich. Ich kämpfe zwar dagegen an, aber es gelingt mir nicht, mich im Griff zu haben. Zum Glück ist dies nur an den 3. bis 7. Therapietagen. Anschließend bin ich geschwächt und erschöpft, da ich wenig schlafe oder ein paar Tage überhaupt nicht. Ich tigere nachts ruhelos durch die Wohnung und möchte nicht allein sein. Die Gefühle und Gedanken laufen Achterbahn.

Die Symptome meines MS-Schubes lassen in der Regel langsam nach, und irgendwann fühle ich mich wieder etwas mehr als Mensch statt als „Zombie“. Aber es dauert manchmal Wochen bis zur vollständigen Remission. Was ich bei dieser Therapie auch als sehr unangenehm empfinde, ist der Ausstieg nach 10 mg Kortison auf null. Ich komme jedes Mal in den Kortisonentzug, der etwa zwei Tage anhält. Eine nervöse Unruhe befällt mich, die kaum kontrollierbar ist, und jede Berührung schmerzt, sogar das Haare waschen.

Mittlerweile ist meine Remission unvollständig und es schleichen sich imperativer Harndrang, geringe Koordinationsstörungen, Parästhesien (Missempfindungen) linkes Bein, auch beider Hände, andauerndes Bandagegefühl im linken Fuß bis zum tauben Zeh, Reduzierung des Geruch- und Geschmacksinns, Verkürzung der Wegstrecke, Fatigue in mein Leben ein. Meine beiden Kinder haben sich an mein oft fades Essen gewöhnt und erschrecken beim Fallenlassen irgendwelcher Dinge nicht mehr. Sie holen den Besen zum Kehren, und ich kommentiere trocken, dass ich diese Dinge beim nächsten Umzug nicht mehr einpacken muss. Das Suchen nach irgendwelchen Toiletten nervt mich am meisten, und das Unterbrechen während eines Kinobesuchs oder eines stilvollen Essens im Restaurant ist mir peinlich. Mit Humor kann vieles überstanden werden, aber eben nicht immer.

Vor drei Wochen lag ich während eines Spaziergangs unverhofft und ohne existierende Stolperfallen plötzlich auf dem Boden. Meine Beine knickten einfach ein, und es kam dieser Moment, von dem ich hoffe, ihn noch lange nicht erleben zu müssen. Nun spaziere ich vorsichtiger durch die Welt, kann es mich doch überall erwischen.

Ich habe auch gelernt, meinen Körper zu beobachten und rechtzeitig die ersten Signale eines Schubes zu deuten. Ich bin ein Experte im Erkennen „meiner Schübe“ geworden!

Jeder Schub schädigt das Nervengewebe im Gehirn bzw. Rückenmark und sollte vermieden werden, um das Risiko einer Behinderung zu minimieren. Unter einem Schub versteht man neu auftretende Symptome, die länger als 24 Stunden anhalten oder ein Wiederauftreten von „alten“ Beschwerden nach längerer Zeit. Jeder weiß es, aber ein Rezept zur Vermeidung hat leider noch niemand ausgestellt.

Ich führe mittlerweile einen sogen. Schub-Kalender. Der Feind im Alltag ist dingfest gemacht und wird nur bei Notwendigkeit oder Anfragen seitens der Ärzte hervorgeholt. Ich komme auf dreizehn Schübe nach der Diagnose und bei jedem dachte ich, hoffentlich ist es der letzte. Aber vielleicht bringt mir die Zahl „13“ Glück.

Die Hoffnung stirbt zuletzt, und der Humor oder auch Galgenhumor sollte an erster Stelle stehen! Ich hatte bis heute verdammt großes GLÜCK...

... und mein Rettungsanker für schlechte Zeiten ist das *Kortison*!

Mein „Freund“, der Stock

Das erste Mal beschnupperten wir uns, mein Stock und ich, im Juli 2006. Es war keine Liebe auf den ersten Blick, und irgendwelche freundschaftlichen Gefühle waren bei unserer ersten Begegnung auch nicht im Spiel. Ich musste ihn notgedrungen aus purer Verzweiflung und Hilflosigkeit akzeptieren. Wenn er sprechen könnte, hätte er mich ausgelacht. Aber eine Abrechnung mit ihm erlaubte ich mir auch. Nach wenigen Tagen verbannte ich ihn in die allerletzte Ecke meines Schrankes. Ich wollte ihn vergessen.

Aus diesem Versteck habe ich ihn schon mehrmals hervorgeholt und bin heute dankbar für seine Existenz!

Mein Neurologe verschrieb mir dieses Hilfsmittel, da ich schwankend und an der Wand entlang seine Praxis durchschritt, dabei aber etwas hilflos wirkte.

Morgens zu einer Uhrzeit, wo ich hoffen konnte, dass die meisten mir bekannten Menschen schon arbeiteten, betrat ich das Sanitätshaus in Landau. Beschämt gab ich das Rezept ab, wobei ich mich heute frage, warum?

Viel Zeit ließ ich mir beim Aussuchen meines zukünftigen Weggefährten.

Ich wollte einen schmalen, silberfarbenen zusammenklappbaren Stock, so wie ich ihn in einem Spielfilm im Fernsehen Wochen vorher gesehen hatte. Die Schauspielerin stellte eine an MS erkrankte Staatsanwältin dar. Wenn schon, denn schon, war meine Devise. Die Verkäuferin im Sanitätsgeschäft hatte viel Geduld und hatte zu viel Mitleid mit mir. Da konnte ich so richtig in Selbstmitleid aufgehen. Das Suchen in etlichen Katalogen war erfolglos, und so entschied ich mich doch für einen Stock bzw. eine Gehhilfe aus dem Geschäft. Mein Stock ist bronzefarben und zusammenklappbar, passt in fast alle meine Handtaschen. Ich bin sogar schon um meinen Freund, den Stock, beneidet worden. Natürlich nur von Leidensgenossen!

Jeder Mensch hat Angst vor Krankheiten und Behinderungen. Ich schließe mich nicht davon aus. Bei jedem Schub steigt diese Angst etwas mehr. Wie ich auf einen Rollator oder gar Rollstuhl reagieren würde, kann ich nicht sagen. Ich schiebe den Gedanken weit weg und hoffe, ich werde ihn nicht so schnell brauchen. Sind wir ehrlich, andere darin zu sehen, ist etwas ganz anderes, als wenn man selbst davon betroffen ist. Deshalb sollte man den Respekt und den normalen Umgang mit behinderten Menschen im Auge behalten.

Im November 2008 hätte ich mich ohne meinen Stock in der Wohnung nicht bewegen können. Die Teppiche wurden zu einem fast unüberwindbaren Problem. In der Klinik wünschte ich für manche Wegstrecke einen Rollstuhl. Aber Aufgeben ist nicht mein Ding, und so schlürfte ich auf den Stock gestützt im Zimmer umher, später wenige Meter auf dem Stationsflur. Nach etwa vier Wochen konnte ich mich von meinem Freund Stock wieder verabschieden und hoffe, für sehr, sehr lange Zeit.

Durch diese Erfahrungen habe ich eine andere Beziehung zu Menschen mit Behinderungen bekommen. Ich habe keine Angst mehr vor „ihren Hilfsmitteln". Sie helfen ihnen bzw. mir den Alltag zu meistern, wobei es immer noch zu viele unüberwindbare Dinge im täglichen Leben eines behinderten Menschen gibt. Auch ich hatte z.B. Probleme, in die Schule meines Sohnes zu gelangen, zu viele Treppenstufen! Das Sekretariat im ersten Stock erreichte ich nur per Telefon. Kleine Absätze in Geschäften oder Bordsteinkanten wurden zur Stolperfalle. Mein Schaltauto verkaufte ich schon vor zwei Jahren wegen meinem schwächeren linken Bein und kaufte mir ein Auto mit Automatik. Trotzdem konnte ich im November drei Wochen lang kein Auto fahren, da dieses Mal das rechte Bein gelähmt war. Die Familienhelferin fuhr mich dann überall hin. Wenn sie nicht da war, musste ich zu Hause bleiben.

Weitere Hilfsmittel, um Gläser und Flaschen zu öffnen, musste ich mir wegen meiner Hände zulegen. Die Kraft in den Händen ließ schon vor etwa 2,5 Jahren nach einem schweren Schub nach. Auch im Danebengreifen und Fallenlassen bringe ich ab und zu mein

Umfeld zum Verzweifeln. Da hilft nur, gelassen darauf zu reagieren. Ein dunkles Kino wurde zur Stolperfalle für mich, dezent beleuchtete Stufen und dann noch einen Stock! Die Kassiererin meinte ja schon arrogant an der Kasse beim Vorzeigen meines Behindertenausweises: „Ermäßigung für Behinderte und Rentner nach 18.00 nicht möglich". Diese Äußerung und die Stufen brachten mich dann fast zum Überkochen. Beim nächsten Kinobesuch und dem erneuten Ablehnen der Ermäßigung fragte ich sarkastisch, ob behinderte Menschen und Rentner nach 18.00 nicht erwünscht wären? Ein erschrecktes Gesicht und Zucken der Gesichtsmuskulatur war die Antwort. Nicht immer hilft da der Humor! Gelassenheit wäre hier meinerseits angebracht.

Wenn ich in Zukunft einen neuen Arzt für mich oder meine Kinder erwägen sollte, achte ich auf Parkplätze in der Nähe und Aufzüge. Zum Glück erfüllen die Praxen meiner derzeitigen Ärzte und mein neuer Hausarzt diese Kriterien.

Unsere Wohnung liegt im Erdgeschoss, aber die wenigen Stufen in die Wohnung waren schon zeitweise ein hinderliches Problem, ganz zu schweigen die Kellertreppen, die zum Waschraum führen. Meine Tochter habe ich im November in die Welt der Waschmaschinen und meinen Sohn in die der Trockner eingeführt. Bei der nächsten Wohnung muss ich auch dies beachten.

Auch Positives gibt es zum Thema Stock zu berichten. Kaum registrieren die Leute meine Behinderung, halten sie mir die Tür auf und bieten mir einen Platz an. Sie sehen zwar nicht mich, aber einen behinderten Menschen, der eventuell Hilfe braucht. Im Bekanntenkreis habe ich da eher ein Problem bei meinem Auftritt mit dem Stock. Ich fühle mich unwohl, unattraktiv und kann mit dem wirklich ehrlich gemeinten Mitgefühl nicht umgehen. Aber das ist mein Problem, an dem ich arbeiten muss. Ich sollte die aus Frust geäußerten Antworten meinerseits unterlassen.

Zu sehr hadere ich in solchen Zeiten des Schubs und der körperlichen Einschränkungen mit meinem Schicksal. Ich will in dieser Zeit alleine sein und doch nicht, kann mir selbst nicht gerecht werden.

Es gibt eben dann auch diese Zeiten, die Zeiten mit „meinem Freund", dem Stock und mir!

Wut, Trauer, Schmerz, Leid, Ungerechtigkeit, Hass, Tränen, alle fordern ihr Recht, alle wollen gelebt und nicht verdrängt werden. Wenn du dich nicht traust, sie anzuschauen, werden sie dich auf andere Art und Weise dazu zwingen, sie zu beachten – auf der körperlichen Ebene!

Die schonungslosen Fragen und Unwissenheiten der Anderen

Wenn mir früher jemand etwas über MS erzählt hat oder ich von einem MS-Erkrankten erfuhr, war ich geschockt und unwissend. Es hat mich berührt, aber ich habe es schnell wieder vergessen. Nun stehe ich auf der Seite der Erkrankten und muss in fassungslose Gesichter blicken. Die meisten Menschen sind geschockt und unwissend, wie ich es damals war. Mitleid zu erfahren, macht mich zornig und ungerecht. Ich will aufklären, aber erreiche die wenigsten. Sie wollen das von mir Ausgesprochene schnell wieder vergessen. Zu viele Tragödien und schlechte Nachrichten erfahren wir täglich aus den Medien. Was bedeutet da eine Mitteilung, dass man an Multipler Sklerose erkrankt ist? Zu Beginn meiner Erkrankung holte ich noch weit aus mit meinen Erklärungen. Heute reicht eine sehr kurze prägnante Aussage.

Aber wenn man schon unwissend ist, dann soll man mir nicht mit geheucheltem Interesse begegnen. Es ist verletzend und menschenunwürdig. Im Fitnessstudio bin ich letzte Woche gefragt worden, wie lange es noch sein kann, bis ich im Rollstuhl sitzen werde? Bei solchen Fragen muss ich erst tief durchatmen, bevor ich antworte. Zu gemein wäre meine Antwort ausgefallen. Aber ist nicht die Frage auch gemein? Die Fragen machen mir Angst und bringen mich zum Nachdenken. Ich will solche Gedanken verdrängen, die eh immer allgegenwärtig sind. Im Stillen stellt man sich selbst solche Fragen. Wie geht das Leben weiter in einem Rollstuhl? Bildet sich der Schub restlos zurück? Was wird aus meinen Kindern? Welche Behinderungen kommen in den nächsten Jahren noch hinzu?

Die schlimmste Frage nach meiner Diagnose war: „Bist du nun geisteskrank?“

Man muss sich leider viel zu viel als chronisch kranker Mensch anhören. Meine gute Erziehung schützt mich, dass ich verbal nicht entgleise oder nicht um mich schlage. Wie sollten die Unwissenden mich auch verstehen, so tröste ich mich nach solchen unsinnigen Gesprächen.

Auch anscheinend Wissenden fehlt es von Zeit zu Zeit an Feingefühl. Der Radiologe, der die MRT-Bilder meiner BWS im Februar beurteilen sollte, meinte mit einem Grinsen auf dem Gesicht: „Wenn ich nicht wüsste, dass sie MS haben, würde ich auf einen Tumor tippen." Dies möchte ich nicht kommentieren, es ist keinen Satz wert. Aber eine schlaflose Nacht kostete mich diese Aussage eines Wissenden.

Aber es gibt auch die Ausnahmen, die ich hier an dieser Stelle nicht unerwähnt lassen darf. Freunde, die sich Infomaterial von mir geben lassen oder sich Zeit für ein ausführliches, aufklärendes Gespräch genommen haben, die immer ein Ohr für mein „Gebrechen" haben.

Die MS kann so oft entwürdigend sein. Auch darüber muss ich schreiben. Es ist nicht immer eitler Sonnenschein, und man kann nicht immer sein vorheriges Leben unbeschwert weiterführen. Auch wenn die Nachbarin von Frau X so weiterlebt, wie vor der Erkrankung, laut Aussage einer Unwissenden.

Im Alltag haben sich einige Handicaps bei mir eingeschlichen. Ich fahre ein Automatikauto, weil mir die Kraft im linken Bein fehlt, um die Kupplung zu treten. Flaschen und Gläser kann ich nur mit einem Hilfsmittel öffnen. An vielen Tagen verfehle ich die Gegenstände, nach denen ich greife oder lasse sie wegen Kraftlosigkeit beider Hände fallen. Das Mittagessen kann ich nicht würzen, da der Geschmackssinn gestört ist. Auch mein Geruchsinn hat gelitten. Die Wegstrecke hat sich verkürzt. Wandern in den Bergen wie letzten September noch, unvorstellbar! Letzten Sonntag bin ich im Wald gestürzt, da meine Beine eingeknickt sind. Meine geschwächte Blase beschert mir manch peinlichen Auftritt. In der Schubphase leide ich unter Blaseninkontinenz, da möchte ich mich nur verkriechen. Die sexuellen Empfindungen lassen immer mehr nach, da ist ein gesundes Selbstvertrauen gefragt. Die abendlichen Injektionen sind ein Gräuel. Schwellungen und Rötungen findet man nach dem Spritzen an meinen Beinen, Po und Bauch. Welch Anblick sind die daraus resultierenden dunklen Flecke im Badeanzug im Schwimmbad. Darüber zu stehen, ist manchmal leichter gesagt als getan.

Die vielen Geschichten, dass jemand einen kennt, der MS hat, oder dass die Nachbarin von gegenüber jahrelang ans Bett gefesselt war wegen ihrer MS, bevor sie starb, will man nicht hören. Ich möchte schreien oder die Unwissenden einfach „im Regen" stehen lassen. Aus Höflichkeit nicke ich, aber versuche nicht zuzuhören.

Ich weiß auch, dass es noch viel schlimmere Schicksale gibt, auch wenn Kerngesunde meinen, mir dies erklären zu müssen! Aber dieses eine Schicksal reicht mir bis zum Ende meiner Tage. Es ist schon schwer genug, mit diesem Schicksal jeden Morgen aufzuwachen. Die MS ist immer und überall gegenwärtig, nur versuche ich sie zu verdrängen, um weiter zu leben. Die Schauermärchen von anderen wehre ich ab.

Meine Familie oder Freunde sind alle fachkundig, entweder durch ihren medizinischen Beruf, oder sie wurden mit Literatur von mir versorgt. Einige haben auch Bekannte, die an MS erkrankt sind. Ich bin froh über ihren unkomplizierten Umgang mit mir und meiner Erkrankung. Dankbar bin ich für ihr Verständnis und ihre Geduld, wenn ich schon wieder etwas vergessen habe, schon dreimal nach demselben frage oder im Nebel des Untätigseins versinke.

Ich habe mir selbst am meisten bewiesen, dass ich trotz MS ein lebenswertes Leben habe. Danke ihr Unwissenden und für eure schonungslosen Fragen!

Irrweg durch die alternative Medizin

Erst neulich erhielt ich wieder einen gut gemeinten Ratschlag von meiner Freundin, die von einer Bekannten aus der Kur deren Bekannte, Sohn oder Tochter (wie kompliziert!) gute Erfolge mit **Colostrum** hat. Colostrum ist die Vormilch eines Säugetiers, angereichert mit Gehirn- und Schweineherzextrakten. Lecker! Meine Freundin konnte mir weder sagen, was genau die Therapie mit Colostrum ist, noch wo man es kaufen kann oder was es bewirkt. Diese Ratschläge ignoriere ich mittlerweile. Früher verbrachte ich viel Zeit am PC, um mich zu informieren, meistens ohne Erfolg. Entweder waren die Therapien und Präparate zu teuer, nicht erhältlich oder kontraindiziert.

Colostrum schlug ich in meinem Fachbuch nur nach, um mein schlechtes Gewissen zu beruhigen. Ich werde es nie ausprobieren, weder als Suppositorium noch als täglichen Trank. Es hat keinen positiven Einfluss auf die MS. Die Autorin, die es ausprobiert hat, meint lapidar, es bringe zwar keine Besserung, habe aber auch keine negativen Auswirkungen auf die MS. Wo bleibt da die Logik?

Ich werde über meine Erfahrungen berichten, die mich zunächst vom Interferon weg brachten, am Ende aber wieder zur Schulmedizin zurückführten.

Zu Beginn der Erkrankung bekam ich regelmäßig Krankengymnastik verschrieben. In dieser Zeit probierte ich die **Feldenkrais-Methode** aus. Bei dieser Technik sollen Verspannungen durch eine bewusste Kontrolle der Bewegungsabläufe verhindert werden. Man lernt alte Bewegungsmuster abzulegen, um seinen Körper bei seinen Tätigkeiten bewusster zu gebrauchen. Durch sanfte Berührungen mit den Händen und erläuternde Worte werden die falschen Bewegungsabläufe analysiert und korrigiert. Da ich in dieser Zeit nicht nur mit meinem Gleichgewicht Probleme hatte, sondern auch mit der Einstellung zu meiner Erkrankung, brachte ich nicht die nötige Geduld für diese Technik auf. Es lag noch ein langer Weg des Verstehens und Geduldsaufbringens vor mir. Ich bin von Natur aus ein eher ungeduldiger Mensch. In meinem Leben muss immer alles sofort und gestern erledigt werden. Heute fordert mich die MS ständig zum Stehenbleiben und Innehalten auf. Jahre sollte es dauern, bis ich wöchentlich zum Feldenkrais-Kurs gehen sollte.

Nach einem Schub probierte ich die **Bachblütentherapie** aus, um Nebenwirkungen von den Kortison-Stoßtherapien abzumildern. Dr. Edward Bach (1886-1936) hat 38 Blüten gefunden, die jede für sich in der Lage ist, beim Menschen dort anzusetzen, wo seine Persönlichkeit Defizite aufweist. Er beobachtete Übereinstimmungen der Schwingungsfrequenzen zwischen den Blüten und bestimmter psychischer Bereiche beim Menschen. Die Schwingungsfrequenzen werden auf Wasser übertragen, das aber keine Substanzen enthält, sondern nur durch die Schwingungen wirkt. Nicht als Medikament, sondern zur seelischen Balance sollte die Bachblütentherapie angesehen werden, um z.B. Ängste und Verzweiflung zu lindern. Vorübergehend fühlte ich mich ein ganz klein wenig besser. Vielleicht wollte ich es auch nur glauben.

Ebenso ließ ich mich anfangs von einer Freundin von **Schüßler-Salzen** überzeugen. Man greift nach jedem Strohhalm, sollte aber Nutzen und Erfolg gegeneinander abwägen, denn sonst kann es auch teuer werden. Die Absprache mit dem Neurologen ist bei etlichen Therapien sehr wichtig.

Dr. W. H. Schüßler (1821-1898) ist der Begründer der biochemischen Heilweise. Diese Behandlungsmethode besagt, dass bestimmte Mineralsalze, hier als Funktionsmittel genannt, den Bau und die Lebensfähigkeit des menschlichen Organismus unterstützen. Bei Mangel führen sie zur Funktionsunfähigkeit der Zellen und schließlich der einzelnen Organe. Es gibt 12 Schüßler Salze, als Tabletten in den Potenzen D3, D6 und D12 z.B. von der Fa. DHU angeboten werden. Nach einem schweren Schub nahm ich sie über Wochen hauptsächlich zur körperlichen Stabilisierung, aber auch hier war der Erfolg gleich null. Das einzige Mineralsalz, Magnesium phosphoricum brachte mir Hilfe beim abendlichen Einschlafen. Es ist bekannt als „Heiße Sieben". Es werden 7-10 Tabletten in heißem Wasser aufgelöst und schluckweise getrunken.

Meine **Psychotherapie** brachte mir sehr viel zu Beginn der Erkrankung. Nach der Rehabilitation suchte ich mir bewusst eine Therapeutin, zu der ich in den ersten Monaten einmal wöchentlich ging. Ich arbeitete viel von der Vergangenheit auf und verarbeitete meine Ehe. Die Abstände änderten sich auf zweimal im Monat und meine Einstellung zur Krankheit auch. In dieser Zeit dachte ich aber immer noch, ich könnte die MS besiegen. Fast zweieinhalb Jahre hat die Psychotherapie gedauert, die ich auch wirklich gebraucht hatte. Hinterher musste ich dann alleine „laufen lernen".

Nachdem meine Psychotherapie beendet war, machte ich im Januar letzten Jahres eine Familienaufstellung irgendwie als Abschluss zur Psychotherapie, und ich hatte sehr viel Interessantes darüber gelesen. Es machte mich neugierig. Ich wurde für den Mut und die kostspielige Sitzung reichlich belohnt.

Die **Familienaufstellung nach Bert Hellinger** ist sehr umstritten. Warum, konnte ich nicht ganz nachvollziehen, da ich einseitiges Denken ablehne. Man kann aus vielen Theorien und psychischen Ideenansätzen etwas Sinnvolles, für sich Wichtiges herausfinden und auch im Alltag umsetzen.

Hellinger zufolge sind wir nicht so frei, wie wir gerne glauben. Wenn wir ohne die Anerkennung unserer Bindungen handeln, ist das kein freies, sondern ein blindes Handeln. Ein Handeln in Freiheit ergibt sich erst durch die Zugehörigkeit zu einem System, der Familie. Ein System definiert sich durch eine Menge von Elementen, zwischen denen bestimmte Beziehungen bestehen. Jede Veränderung eines Elements hat automatisch auch eine Wirkung auf die anderen Elemente. Jeder Mensch ist Teil eines Familiensystems und damit eines Beziehungszusammenhangs. Dadurch hat er Anteil an den Problemen der anderen Familienmitglieder, gleichgültig, ob ihm das bewusst ist oder nicht. Unsere Eltern haben wiederum Eltern und kommen aus Familien mit bestimmten Schicksalen. All das wirkt sich in der jetzigen Familie aus. Wenn in der Vergangenheit etwas Schreckliches passiert ist, hat das über Generationen hinweg Folgen. Diese unbewussten Verstrickungen bewusst zu machen, ist die Aufgabe der Familienaufstellung. Hellinger unterscheidet auch Beobachten und Wahrnehmen. Beobachtungen führen zu Teilkenntnissen unter Verlust des Gesamten. Wenn man das Verhalten eines Menschen beobachtet, sieht man nur Einzelheiten. Wenn ich mich der Wahrnehmung aussetze, entgehen mir Details, aber ich erfasse das Wesentliche, den Kern. Bei Hellingers Aufstellungen sind Liebe, Achtung, aber auch Distanz immer zugegen.

Ich machte die Familienaufstellung bei einer Psychotherapeutin in Karlsruhe. Die Sitzung dauerte fast zwei Stunden, und ich stellte mich, meine beiden Kinder und meinen Freund auf. Ich habe viel erfahren über unsere Beziehungen zueinander. Es war sehr anstrengend, und ich musste hinterher fast drei Stunden zu Hause vor Erschöpfung schlafen. Ich würde jederzeit solch eine Familienaufstellung wiederholen.

Sogar die **Edelsteintherapie** habe ich ausprobiert. Dazu gehört viel Glaube und Fantasie. Steinen sagt man eine beruhigende Wirkung und Aktivierung unserer Selbstheilungskräfte nach. Sie wirken auf der mentalen Ebene. Jeder Edelstein hat seine typischen Schwingungen, die er auf die Schwingungen des Menschen überträgt. Ich habe mir einen Brasilianit gekauft, der Erkrankungen im Gehirn, Rückenmark und Nervensystem lindern und heilen soll. Tagsüber lade ich ihn auf einem Amethysten auf und lege ihn jeden Abend unter das Kopfkissen. Trotzdem habe ich noch meine Schübe. Vielleicht habe ich den falschen Stein oder die ganze Sache ist nur Hokuspokus. Trotzdem schlafe ich nie ohne diesen Stein, außer ich bin auf Reisen. Es ist ein Ritual, diesen Stein unters Kissen zu legen. Meine Tochter verdrehte die Augen und stellte mir schon mehrmals die Frage, ob ich wirklich so einen Mist glauben würde. Ich solle doch als intelligenter Mensch von dieser Theorie endlich Abstand nehmen. Ich muss ihr Recht geben insoweit, dass es bei mir nicht wirkt, aber probieren sie es selbst aus. Wie erstaunt werden ihr Partner oder ihre Kinder sein, wenn sie mit Steinen ins Bett gehen! Wenigstens hatten alle ihren Spaß.

Die **homöopathische Heilkunde** wurde von dem Arzt und Apotheker Samuel Hahnemann (1755-1830) entdeckt. Er fand heraus, dass die körpereigene Abwehr durch sehr geringe Dosen natürlicher Substanzen aus dem Pflanzen-, Mineral- und Tierreich stimuliert wird. Diese rufen bei gesunden Menschen dieselben Symptome hervor, gegen die sie wirken. Es gibt kein Mittel, das für jeden Menschen richtig wäre. Dieses Ähnlichkeitsprinzip besagt, Ähnliches soll mit Ähnlichem geheilt werden. Ein Homöopath sieht den Patienten als Ganzes, nicht nur die Krankheitssymptome dienen für die Auswahl des richtigen Mittels. Diese homöopathischen Mittel werden durch Verschüttelung und Teilungen immer höher verdünnt. Je höher das Mittel potenziert gegeben wird, desto kräftiger ist seine Wirkung. Jede Substanz hat ihre eigene Schwingungsfrequenz und diese Schwingungen werden bei der Potenzierung übertragen. Die homöopathischen Mittel werden als Tabletten, Globuli oder Tropfen eingenommen.

Von der Homöopathie bin ich wirklich überzeugt, aber nicht bei so einer Erkrankung, wie der MS. Hier stößt sie an ihre Grenzen. Aber unterstützend z.B. bei Nebenwirkungen durch medikamentöse Behandlungen oder um Geist und Seele zu stärken, ist sie einen Versuch allemal wert.

Bei meinem Sohn, den ich seit seinem ersten Lebensjahr damit behandeln lasse, hatte ich bis heute nur Erfolge. Egal, ob es sich um einen Schnupfen, Keuchhusten, Windpocken oder ein traumatisches Erlebnis handelte. Joel ist ein gesundes Kind, das die Schwingungen der Konstitutionsmittel gut erreichen. Bei Sarah wirkten die entsprechenden Mittel für Asthma- und Blasenschwäche weniger. So auch bei mir, als ich nach Absetzen des Interferons und schon vielen Monaten des Spritzens verzweifelt das richtige Konstitutionsmittel für mich suchte. Ich hatte keinen Erfolg. Entweder verschlimmerten sich meine MS-Symptome (Erstverschlimmerung), die mir Angst machten, oder es zeigte sich keine Reaktion auf das Mittel. Im Kindes- und Jugendalter sprach ich gut auf die homöopathische Behandlung an.

Nach dem Misserfolg und Verstreichen wertvoller Zeit fand ich demütig zur Schulmedizin zurück.

Jederzeit werde ich meine Kinder damit wieder behandeln und ich glaube immer noch an Erfolge der Homöopathie, aber nicht bei chronischen, unheilbaren Erkrankungen.

Zur Entspannung komme ich mit der **Progressiven Muskelentspannung** nach Jacobsen, kurz PM, gut zurecht. Ich lernte die Übungen in der Reha-Klinik in Bad Buchau unter fachmännischer Anleitung kennen. Zu Hause führe ich die PM mit Hilfe von CDs durch. Bei der Progressiven Muskelentspannung werden gezielt Muskeln bzw. Muskelgruppen an- und entspannt. Angefangen werden die Übungen von den Händen über dem Kopf bis zu den Füßen. Die Spannung wird 3-6 Sek. gehalten und dann abrupt gelöst. In der nächsten Phase wird der Entspannung nachgespürt. Die Übungen sollten jeden Tag durchgeführt werden, um einen entsprechenden Erfolg zu erreichen. Das Ganze dauert je nach Anspannen der gewünschten Muskelgruppen 10-20 Minuten. Leider führe ich sie auch nur in Phasen durch, wenn mir mal wieder der Alltag über den Kopf wächst. Aber bei Einschlafstörungen komme ich oft darauf zurück.

Erst im letzten Dezember, nach meinem schweren Schub, lernte ich an einem schönen, sonnigen Sonntagmittag **Qigong** kennen. Es war eine spontane Idee und zum Glück noch ein Platz in dem Kurs frei. Bei dieser Technik ist nicht nur die professionelle Anleitung wichtig, sondern die Atmosphäre in den Räumen oder die Umgebung in der Natur, wo diese Übungen durchgeführt werden.

Qigong heißt übersetzt „Energiearbeit“. Es handelt sich um langsame, im Stehen ausgeführte Bewegungen z. B. Kranich-Qigong, mit Hilfe der Atmung und Konzentrationsaufgaben des Qi – unserer Lebensenergie. Das stille Qigong wird mit weniger Bewegungen im Sitzen ausgeführt. Das Qi soll so beeinflusst werden, dass wir länger gesund bleiben und ausgeglichener leben können. Die verschiedenen Übungen dienen dazu, bestimmte Funktionen zu verbessern, z.B. den Kreislauf, die Verdauung, das emotionale Gleichgewicht, die Konzentrationsfähigkeit. Sie kräftigen Muskeln, Knochen und Gelenke. Auch hier gilt regelmäßiges Üben.

Vor drei Jahren habe ich erst bewusst über meine **Ernährung** nachgedacht. Ich las die Bücher „Gesund und bewusst essen bei MS" der Fa. Biogen, „Das MS-Kochbuch - Richtig essen bei MS" der Fa. Serono, „Unsere Nahrung - unser Schicksal" von Dr. med. M. O. Bruker, „Die Evers-Diät" von Dr. Joseph Evers und „Bircher-Benner: Wegbereiter der neuen Ernährungslehre und Heilkunde" von Dr. Ralph Bircher. Von all diesen Ratgebern konnte ich für mich persönlich sehr profitieren. Ich esse heute viel Obst, Gemüse und Rohkost, kein Schweinefleisch, keine Wurst, aber mehr Fisch, Vollkornprodukte, Omega-3-Fettsäurehaltige Öle, Frischkornbrei, viel selbstgemahlenes Mehl und Milchprodukte. In unserem Bioladen in der Stadt kaufe ich Lebensmittel im Angebot und ansonsten frische Artikel auf dem Wochenmarkt oder Bio-Produkte im Supermarkt.

Die alternative Medizin bedeutet mir im Augenblick nicht mehr viel, da habe ich fast resigniert. Nun kämpfe ich wieder mit der Schulmedizin gegen die MS!

Sport ist nicht gleich „Mord“!

In meiner frühsten Kindheit bin ich am Wochenende mit meinen Eltern und Großmutter durch den Pfälzerwald gewandert. Während der Woche war Herumtoben mit Freundinnen angesagt oder Schwimmen mit meiner Mutter. Kinderturnen, wie es heute üblich ist, gab es damals noch nicht. In der Grundschule ging ich ein halbes Jahr in die Ballettschule. Das versprochene Eis als Belohnung nach der Ballettstunde war mir wichtiger und der Ehrgeiz eine berühmte Ballerina zu werden, scheiterten an meinem zu geringen Einsatz zum Trainieren. Mit 14 Jahren ermöglichten mir meine Eltern, das Skifahren in einem gemeinsamen Winterurlaub zu erlernen. Bis letztes Jahr bin ich noch Ski gefahren, traue es mir aber jetzt wegen der Gleichgewichtsstörungen und meines geschwächten linken Beines nicht mehr zu. Das Unfallrisiko ist mir zu hoch.

Erst im frühen Erwachsenalter fing ich regelmäßig mit Badminton spielen an. Da mir auch dies nach wenigen Jahren zu „lahm“ war, wechselte ich zum Squash spielen. Viele Jahre spielte ich diesen Sport.

Während meine Kinder klein waren, belegte ich viele Kurse in Aerobic- und Wirbelsäulengymnastik.

Nach der Diagnose sollte Krankengymnastik nicht meinen Alltag bestimmen. Der Modesport Walking hat auch mich überrollt. Bis vor einem Jahr bin ich auch regelmäßig gewalkt, entweder alleine oder mit einer Bekannten. Voriges Jahr habe ich mich nun in einem Fitnessstudio für zwei Jahre verpflichtet. Bis zu meinem schweren Schub im letzten November trainierte ich zweimal die Woche. Leider musste ich vier Monate pausieren, aber nun versuche ich wieder ein leichtes Training. Es macht mir Spaß und der soziale Kontakt ist mir wichtig. Ich brauche einen körperlichen Ausgleich zu den einseitigen Bewegungen im Alltag und der Sport „macht meinen Kopf frei“. Außerdem hilft mir das Training gegen die Fatigue anzukämpfen. An diesen Sporttagen bin ich leistungsfähiger und weniger müde. An den restlichen Tagen gönne ich mir oft einen Mittagsschlaf, der leider mittlerweile bis zu 1,5 Stunden dauern kann.

Wenn der Verlauf der MS es zulässt, sollte man seine gewohnten Sportaktivitäten weiterhin ausüben. Die Beweglichkeit bei der MS zu erhalten, ist enorm wichtig, angepasst an das Leistungsvermögen jedes Einzelnen. Ein Ausdauersport sollte ergänzend zu anderen Behandlungsmethoden durchgeführt werden. Extreme Belastungen, wie bei extremer Hitze sollten vermieden werden. Nach einem Schub und einer Kortison-Stoßbehandlung sollte man kurze Zeit pausieren und langsam mit dem Training beginnen. Normalerweise gönne ich mir etwa zwei Wochen Ruhe ohne körperliche Anstrengungen nach einem Schub. Die viermonatige Pause war eine Ausnahme in den ganzen Jahren der Erkrankung. Um Entspannung und seine Beweglichkeit zu erhalten, sind z.B. Yoga, Qigong oder Feldenkrais-Therapie sinnvoll. Es gibt kein Patentrezept. Jeder MS-Erkrankte muss für sich und an seine Lebenssituation und Behinderung angepasste sportliche Betätigung finden. Manchmal sind mehrere Versuche und ein Ausprobieren notwendig, um das für „Richtige“ zu finden.

Anmerkung: Stand 03/2011
Leider übe ich heute nur noch Rehasport aus, aber auch diesen nur bedingt. Meine Gehstrecke ist kürzer geworden und meine Kraft und Ausdauer stark reduziert.

Anmerkung: Stand 12 / 2012
Heute besuche ich einmal die Woche einen Feldenkrais-Kurs, versuche spazieren zu gehen, wenn es mir danach ist, manchmal 400 m, an manchen Tagen bis zu einem Kilometer.

Ich bin ein „Spritzenjunkie“

Einleitend möchte ich noch ein paar Worte der Behandlungsmöglichkeiten niederschreiben, um den Einstieg für Neubetroffene in meine Geschichte anschaulicher zu gestalten.

Bekannt ist, dass die MS leider immer noch unheilbar ist, aber es gibt eine Reihe von Medikamenten, die eine Verschlechterung aufhalten können, Schübe verhüten oder abschwächen und Ausfälle wieder rückgängig machen können. So früh wie möglich nach der gesicherten MS-Diagnose sollte mit einer Interferon- oder Glatirameracetatbehandlung begonnen werden. Es handelt sich um Medikamente zur Langzeitbehandlung, die gespritzt werden müssen. Dazu werden Medikamente eingesetzt, die die Reaktion des Immunsystems verändern (Immunmodulatoren) oder dauerhaft unterdrücken (Immunsuppressiva). Sie sollen die Anzahl und Schwere der weiteren Schübe verringern und die Zunahme der Ausfallserscheinungen aufhalten. Eine Langzeitbehandlung erfolgt über mehrere Jahre. Manchmal muss je nach Krankheitsverlauf ein Präparat gewechselt werden, und es bedeutet nicht, dass man von jeglichen Krankheitserscheinungen frei ist.

Es stehen drei Interferon-beta-Präparate zur Verfügung: Rebif, Avonex und Betaferon. Sie unterscheiden sich in der Wirkstärke und -menge. Außerdem wird Avonex intramuskulär und die anderen beiden werden subkutan gespritzt. Die Schubhäufigkeit wird um 30-35% verringert. Interferone werden bei schubförmigem und chronisch progredienten Verlauf eingesetzt.

Glatirameracetat, im Handel als Copaxone, ist ein immunmodulierendes Medikament, das subkutan gespritzt wird. Unter der Behandlung von Copaxone kommt es zur spezifischen Änderung der Immunreaktion. Außerdem kann es zur Verminderung der Schubhäufigkeit führen, darf aber nur bei einem schubförmigen MS-Verlauf eingesetzt werden, nicht bei primär oder sekundär fortschreitender MS. Auch hier wird die Schubhäufigkeit um 30-35% verringert.

Nach der gesicherten MS-Diagnose und dem zweiten Schub begann ich mit dem Spritzen des Interferons Betaferon. Es wird jeden zweiten Tag subkutan gespritzt und möglichst zur selben Tageszeit. Da ich zwar als MTLA Blut abnehmen kann, brachte ich es aber nicht fertig, mich selbst zu spritzen. Dafür gibt es bei subkutanen Injektionen einen Autoject. Jede Firma hat ihren eigenen, da die Spritzen unterschiedlich sind. Bei Betaferon kann man sich in Beine, Arme, Po und Bauch injizieren, ständig im Wechsel, um Entzündungen an der Injektionsstelle zu vermeiden. Damals mussten die Spritzen noch im Kühlschrank aufbewahrt werden, aber es waren Fertigspritzen. Heute kann man sie bei Raumtemperatur aufbewahren, aber sie müssen vor der Injektion zusammengesetzt und gemischt werden. Die Nebenwirkungen zu Beginn der Behandlung waren bei mir erhöhtes Fieber, leichter Schüttelfrost, Glieder- und Kopfschmerzen. Diese ließen nach etwa drei Monaten nach, schränkten mich aber in der Lebensqualität enorm ein. In manchen Momenten wollte ich aufhören, und nur das Aufbringen enormer Geduld und die Hoffnung auf Besserung, hielten mich davon ab.

Die Einweisung zur Behandlung mit Betaferon führte eine Neurologin durch, die speziell geschult ist. Heute machen diese Schulungen MS-Schwestern, vertreten in allen Firmen, die Interferone oder Copaxone anbieten. MS-Schwestern kommen in der Regel zum Patienten nach Hause und weisen ihn sehr sorgfältig ein. Außerdem stehen sie für alle Fragen im Umgang mit der Krankheit und der Spritzerei zur Verfügung. Sie nehmen oft lange Anfahrtswege in Kauf, und bei einem Besuch bleibt es oft nicht. Auch stehen sie uns telefonisch fast rund um die Uhrzeit mit Rat und Tat zur Seite. Ansonsten bieten alle Firmen eine kostenlose telefonische Hotline mit qualifiziertem Personal an, um Fragen zu beantworten, Literatur oder irgendwelche Injektionsmaterialen zu bestellen.

Nachdem die schlimmsten Nebenwirkungen überstanden waren, gewöhnte ich mich allmählich an die Spritzerei jeden zweiten Tag.

Sie gehörte nun zu meinem Leben wie die täglichen Mahlzeiten. Die MS hatte mich in den Händen, und ich musste mitspielen, ob ich wollte oder nicht.

Begleitend zur Spritze nahm ich in den ersten Monaten noch eine Tablette a 500 mg Paracetamol abends, um die auftretenden grippeähnlichen Symptome abzuschwächen. Ich habe von Anfang an abends gespritzt, um die Nebenwirkungen zu verschlafen. Am Morgen danach fühlte ich mich zwar oft noch leicht grippegeschwächt oder hatte leichte Kopfschmerzen, aber ich wollte durchhalten und hoffte auf Minimierung der Schubhäufigkeit. Die Injektionsstellen kühlte ich zwar, aber trotzdem sah man sie oft. Zurück blieben dunkle Flecken oder Blutergüsse. In der Badesaison wurde ich regelmäßig darauf angesprochen.

Leider entwickelte ich unter der Behandlung mit Betaferon eine mittelgradige Depression, die mit Antidepressiva ca. neun Monate erfolgreich behandelt wurde. Aber die Zeit in der Depression war fürchterlich, da ich schon morgens nicht aufstehen wollte. Irgendwie habe ich es dann doch meinen Kindern zuliebe geschafft. Wenn ich alleine gewesen wäre, hätte ich diese Zeit anders durchlebt bzw. gar nicht überlebt. Nach einem antriebslosen und müden Morgen besserte sich meine Stimmung gegen Mittag, und am Abend war fast alles wieder vergessen. In dieser Zeit habe ich den Anschluss an viele Bekannte verloren. Das Leben zog an mir vorbei. Nur wer auch schon einmal eine Depression hatte, kann mich verstehen. Etwa ein Jahr hatte ich eine beschwerdefreie Zeit, dann verstärkten sich die Anfangsbegleiterscheinungen durch das Betaferon, und ich bekam wieder eine Depression. Das Leben erschien mir wieder sinnlos, ich war kampfunfähig. Außerdem hatte ich weiterhin meine Schübe, manchen sehr ausgeprägt. Ich überlegte schon sehr lange mit meinem Neurologen einen Wechsel zu einem anderen Medikament. Aber wir konnten uns nicht einigen, auch die Meinung eines anderen Neurologen brachte uns nicht weiter. So beschloss ich eines Tages ganz für mich alleine im Oktober 2007 nach 3,5 Jahren das Aufhören des Spritzens von Betaferon. Ich fühlte mich danach so befreit und beflügelt. Keine Spritzen mehr, keine dunklen Flecken mehr, kein Überwinden der Nadeln! Ich dachte, ich bekäme die MS in Griff. Welch Trugschluss - welcher Hohn!

Ich begann eine homöopathische Behandlung, dachte positiv und fühlte mich anfangs glücklich wie nach einer Befreiung aus einem gefangenen Raum.

Die Realität holte mich sehr schnell ein. Im März des darauffolgenden Jahres kam ein schwerer Schub. So folgten noch im Mai, Juni und Ende Juli Schübe. Eine stationäre Einweisung ins Klinikum Ludwigshafen erfolgte beim 4. Schub in diesem Jahr. Ich landete im selben Zimmer, in dem ich meine Diagnose vier Jahre vorher bekommen hatte, nur dieses Mal auf unsicheren, fast tauben Beinen und am Ende meiner Kräfte. Welch ein Hohn des Schicksals!

Ein paar Tage vorher verbrachte ich noch mit meinen Kindern eine Woche Urlaub. Aber ich fuhr schon mit ersten Schubsymptomen fort, die sich rapide verschlechterten. Von Tag zu Tag verschlimmerte sich mein Zustand. Da ja Schmerzen und Taubheitsgefühle von niemandem subtil wahrgenommen werden, konnte ich jedem etwas vorspielen. Man denkt immer erst an die anderen, will nicht schon wieder versagen, und für meine Kinder war dieser Urlaub mit mir wichtig. Man sollte aber auch die Folgen eines unbehandelten Schubs bedenken! Im Verdrängen bin ich große Klasse!

Eigentlich dachte ich nach der Diagnosestellung vier Jahre vorher, hier im Klinikum warst du nur einmal. Zwei Tage nach dem Urlaub brachte mich ein Freund nach Ludwigshafen. Vorher musste ich ja noch die Wäsche vom Urlaub erledigen und alles mit den Kindern regeln. In solchen Zeiten übernehmen meine Eltern meine Zwei, denn ihr Vater hält sich nur an das Pflichtprogramm alle 2-3 Wochen.

In den letzten Monaten habe ich viel über die MS gelernt. Sie ist so unberechenbar und hat mich jederzeit im Griff. Trotzdem biete ich ihr die Stirn, stur wie ich sein kann!

Im August letzten Jahres, nach dem 6-tätigen Klinikaufenthalt, begann ich Copaxone zu spritzen und das jeden Tag subkutan. Meine anfängliche Angst vor Nebenwirkungen wurde nicht bestätigt. Ich war zwar etwas müder als sonst, und es wirkte abends wie ein Schlafmittel bei mir, leider nur in den ersten vier Wochen. Morgens war ich ausgeruht. KEINE Nebenwirkungen, bis heute nicht! Auch dieses Mal kam eine MS-Schwester zu mir nach Hause. Frau Sonnenschein besuchte mich noch zweimal, da ich mit den Injektionsstellen anfangs Probleme hatte. Es schlichen sich Handlingprobleme meinerseits ein. Auch diese Schwester kann ich fast jederzeit anrufen. Sie hört sich meine Sorgen und Nöte an, die ich im Alltag mit mir und den Kindern habe, ist eine liebenswerte und offene Person, bei der man sich in guten Händen weiß. Sie ist mein Spritzenengel. Wir telefonieren alle paar Wochen miteinander.

Die Fertigspritzen sollten im Kühlschrank aufbewahrt werden, können aber auch bis zu 7 Tage bei bis zu 25° C Raumtemperatur gelagert werden. Man spritzt sie direkt oder mit einem Autoject subkutan in Arme, Beine, Po und Bauch im Wechsel. Ich führe auch bei diesem Medikament ein Patienten-Tagebuch der Firma, um Injektionsstellen zu dokumentieren, besondere Vorkommnisse, Reaktionen nach der Injektion oder um Wichtiges für mich festzuhalten.

Auch bei der Fa. Aventis steht eine kostenlose Hotline von 8.00 bis 20.00 Uhr Montag bis Freitag zur Verfügung. Keine Frage bleibt unbeantwortet, und Infomaterial oder Bedarfsmaterial werden mir schnell zugeschickt.

In der Selbsthilfegruppe kann man sich sehr gut über die Erfahrungen anderer „Leidensgenossen“ bezüglich Medikamenten wie Interferone und Copaxone austauschen. Außerdem sitzen wir dort alle im gleichen Boot. Wir sind eine gute Truppe, ich fühle mich dort angenommen mit all meinen Ecken und Leiden.

Über andere Medikamente wie Mitoxantron, Tysabri, Immunglobuline etc. kann ich nichts berichten. Zum Glück nicht, denn wenn es so wäre, dann würde sich meine MS noch mehr verschlechtern. Die Angst davor ist aber präsent und spukt in meinem Hinterkopf herum. Alles verdrängen kann man doch nicht.

Ich bin ein „Spritzenjunkie“ und hoffentlich noch eine sehr lange Zeit!

(Anmerkung: Stand 03/2011
Zwar hat sich meine MS verschlechtert, sie werden aber nachlesen können, dass ich heute mit Tysabri eine gute Therapie für mich gefunden habe.)

Mein Neurologe, der Beschützer für neurologische Schwächeanfälle

Von Zeit zu Zeit besuche ich die Internetseiten der DMSG, Patientenforen oder andere MS-Portale. Überall kann ich über die große Suche nach dem richtigen Neurologen und die Odysseen der Patienten lesen. Der Frust ist groß und die Unsicherheit ebenso. Bei manchen Geschichten kann man kaum glauben, dass sie passiert sind.

Da hatte ich ja noch ein enormes Glück, denn ich kann nur frustriert von einem Facharzt berichten.

Der zweite Neurologe war ein Glücksgriff, und unsere „Arzt-Patienten-Beziehung" hält nun schon fast acht Jahre.

Nicht immer ist es einfach zwischen uns, je nach unserer Tagesform und Anlass eines überraschenden Besuchs.

Über den ersten Neurologen ist nur zu sagen, dass er mich nicht ernst nahm, denn er nahm die familiären Gegebenheiten als Anlass, um eine nicht vorhandene Depression zu diagnostizieren. Er hat mich weder neurologisch untersucht, noch Vorbefunde angefordert oder ein längeres Gespräche geführt. Nach diesem kurzen Arztgespräch und langer Wartezeit stand ich wieder draußen vor der Praxis mit einem Rezept in der Hand für Antidepressiva und ein Schlafmittel. Statt in die Apotheke zu gehen, hätte ich gleich das Rezept in den Papierkorb werfen sollen.

Meine Freundin gab mir dann den Hinweis auf meinen jetzigen Neurologen, der leider 20 km von unserem Ort praktiziert. Unter normalen Umständen ist das kein Problem, aber in der Schubzeit fällt mir das Autofahren schwer. Manchmal findet sich dann doch ein Fahrer, mein Vater oder eine Freundin, der als tröstender Beistand fungiert.

Ich erinnere mich noch an den ersten Besuch bei meinem Arzt. Er ließ sich viel Zeit und führte ein ausführliches Gespräch, untersuchte mich neurologisch, was ich damals als unangenehm empfand, mit dem Hämmerchen auf meine Knie und Ellbogen zu klopfen. Wie oft habe ich nun schon mit geschlossenen Augen den Finger zur Nase führen müssen? Immer noch fühle ich mich bei diesen Untersuchungen und Turnübungen unwohl. Könnte doch wieder etwas aufgedeckt werden! Fast alle Tests, außer dem mit der Stimmgabel und dem Handdruckmessen, bestehe ich je nach „Befinden“ meiner MS noch ganz gut.

Im Schreiben von unzählbaren Briefen und Stellungsnahmen an Ämter und die Rentenstelle hat er sich als ungemeine Hilfe erwiesen, besonders im schnellen Erledigen und bei den kurzen, prägnanten Briefen. Sein Helferinnen-Team ist immer freundlich und gewissenhaft.

Ich bin keine einfache Patientin, denn ich will alles wissen und frage zum x-ten Mal dasselbe. Auch Unmögliches will ich beantwortet bekommen, da kann er mir als „Gott in Weiß“ auch nicht weiterhelfen. Seine Ruhe und die Zeit, die sich mein Neurologe für seine Patienten nimmt, schätze ich sehr an ihm. Er wies mich auch schon mal auf meine stressige und hektische Lebensweise hin, und ich zog, ohne seinen Rat zu befolgen, kopfschüttelnd aus seiner Praxis. Die Wahrheit über mich höre ich nicht gerne. Erst nach Tagen des Nachdenkens krieche ich aus meinem Versteck hervor und bekunde kleinlaut die Wahrheit. Der Mensch ändert erst etwas an seiner Lebenssituation, wenn der Leidensdruck unerträglich wird oder es zu körperlichen Symptomen kommt. So auch bei mir. Seine Worte im letzten November haben sich tief in mein Bewusstsein eingeprägt: „ Es ist kurz vor 12 Uhr, Fr. Régnard-Mayer. Ich hoffe, sie werden endlich etwas ändern!“

Manchmal sind wir auch gemeinsam ratlos. Nach der erfolglosen Behandlung mit Betaferon wollte er eine zweite Meinung über meinen Therapieverlauf. Die Empfehlung der aufgesuchten Neurologin ging von Avonex über Tysabri zu Copaxone. Keine wirkliche Hilfe! Mein Neurologe riet mir dann doch zu seiner zuerst empfohlenen Therapie, Copaxone zu spritzen. Diese Empfehlung wurde auch bei einem stationären Aufenthalt im Klinikum Ludwigshafen empfohlen.

Das Wort Geduld kannte ich früher auch nicht. Der Schub im November stellte meine Geduld auf eine Zerreißprobe, aber auch die Angst vor einer schweren zurückbleibenden Behinderung erfasst mich tief im Inneren. Wenn ich heute über die Wochen der gelähmten Beine, der körperlichen Ausfälle und auf die angewiesene Hilfe der Familienhelferin zurückblicke, wird es mir eiskalt. Sollte ich doch etwas gelernt haben?

Nicht immer ist das Verhältnis mit meinem Neurologen ungetrübt, denn wenn es um das Verstehen von nicht verschriebenen Verordnungen geht, überfordert er mich. Für das nächste Quartal soll ich mich entweder für Krankengymnastik oder für Ergotherapie entscheiden. Ich musste mir einen Vortrag über Quartalsabrechnungen und monatliche Einkommen per Telefon anhören. Da beides aber notwendig wäre, entscheide ich mich für das „schlimmere" Übel. Da es um den Erhalt meiner Gesundheit geht, ist mein Verständnis für seine Lage begrenzt. Nach den vielen Jahren der Arztbesuche bekomme ich schon langsam graue Haare, und kann oft Ärzte im „wahrsten Sinne der Worte" nicht mehr sehen. So spare ich mir den Weg zum Hausarzt, um mir von ihm ein Rezept über die nicht verordnete Therapie zu erbetteln.

Nächste Woche habe ich einen Kontrollbesuch bei meinem Neurologen, den ich ausnahmsweise herbeisehne. Auch diese Tage gibt es, da die anhaltenden Schmerzen mich mürbe machen und die Angst vor einem erneuten Schub.

Mein Neurologe begleitet mich nun schon seit Beginn meiner Erkrankung, und es baute sich ein Vertrauensverhältnis zwischen uns auf. Ich weiß, seinen Einsatz und seine fachliche Kompetenz zu schätzen. Wir sind ein Team, wobei seine Stimme mehr zählt. Wir kämpfen gemeinsam gegen meine MS und sind zusammen auch wiederum machtlos. Er legt mir alles mit offenen Karten auf den Tisch, und ich akzeptiere diese Bedingungen. Ehrlichkeit und eine vielleicht schmerzende Offenheit sind mir sehr wichtig. Damit kann ich umgehen und in die Entscheidungen über den Therapieverlauf mit einbezogen werden. Es macht mich nicht ganz hilflos gegenüber meiner Erkrankung.

Schon heute überlege ich mir traurig, „was aus mir wird", wenn er in Pension geht und wir unsere Teambeziehung aufgeben müssen. Nun in den noch verbleibenden Jahren werden wir gemeinsam weiterkämpfen und hoffen auf „bessere Zeiten"!

Unfreiwilliger Schlossbesuch

Nachdem ich nun entlassen war, wurde ich von meinem Neurologen auf unbestimmte Zeit krankgeschrieben. Ich beantragte eine Rehabilitationsmaßnahme, die in kürzester Zeit genehmigt wurde. Trotz der Cortison-Stoßtherapie verbesserten sich meine Symptome kaum. Ich konnte nur wenige Meter gehen und hatte Probleme mit dem Gleichgewicht. In dieser Zeit verfehlte ich manche Tür. Damals wohnten wir noch im zweiten Stock. Wenn ich etwas im Keller vergessen hatte, musste ich warten, dass es mir jemand holen konnte. Ich hatte auch mit der Augensehschärfe je nach Tagesschwankungen zu tun. Erschöpft, depressiv und ohne Zukunftsperspektive, so fühlte ich mich nach der Entlassung.

Endlich kam der Bescheid mit der Zusage vier Wochen Reha in der Schlossklinik Bad Buchau. Fern von der Zivilisation auf der Schwäbischen Alb am Federsee entdeckte ich den kleinen Ort auf der Landkarte. Nun gut. Ruhe, Therapie und Aufbautraining waren angesagt!

Mitte September 2004 fuhr mich mein Vater mit zwei gepackten Koffern und meinem Fahrrad nach Bad Buchau. Ich wäre schneller nach Rom gefahren, als nach Bad Buchau!
Der Abschied von meinen Kindern für vier Wochen fiel mir sehr schwer. Zum Glück wusste ich noch nicht, dass es noch viel länger sein sollte. Ich wäre nicht gefahren.

Die Schlossklinik ist eine Fachklinik für Multiple Sklerose und Schlaganfallpatienten. Sie liegt mitten in dem kleinen Ort Bad Buchau, in unmittelbarer Nähe des Federsees. Die Klinik bietet Therapiemöglichkeiten auf dem neuesten Stand und auf hohem Niveau an. Man kann dort jeden Tag im hauseigenen Hallenbad schwimmen, unzählige Wander- und Radwege führen in die einsame, aber abwechslungsreiche Umgebung, und der Bodensee liegt in etwa 50 km Entfernung. Nur die öffentlichen Verkehrsmöglichkeiten sind nicht gut ausgebaut, besonders am Wochenende. Aber als ich nach etwa zwei Wochen wieder kleinere Strecken mit dem Fahrrad fahren konnte und dann immer mehr, erkundete ich den Ort und die nahe Umgebung. Die zwei Ausflüge nach Friedrichshafen und auf die Insel Mainau unternahm ich dann natürlich mit Bus und Bahn.

Der ältere Teil der Klinik ist im Schloss untergebracht, und die neueren Anbauten sind beispiellos in das Gelände integriert. Alle Zimmer sind Einzelzimmer mit eigenem Badezimmer, TV- und Telefonanschluss.

Nach dem Abendessen fuhr ich fast jeden Tag noch eine kleine Runde mit dem Fahrrad und ging abends ins Schwimmbad. Leider ließ die Wassertemperatur von 32-34°C kein langes Schwimmen zu, aber es war trotzdem Entspannung pur. Außerdem traf man immer Mitpatienten, und mit der Zeit immer dieselben zu einem kleinen Schwätzchen. Die Abende verbrachte ich auf dem Zimmer mit Lesen, Fernsehen oder Telefonieren. Ich genoss die abendliche Ruhe nach den teils sehr anstrengenden Tagesabläufen.

Erst nach 4,5 Wochen ging ich abends mit ein paar Mädels das erste Mal in eine Kneipe.
Ich vermisste bis dahin nichts, und es blieb bei zwei Abenden. Die Ruhe und Einsamkeit waren mir wichtiger.

Mein Tag begann morgens um 6.45 Uhr mit Walken oder Kneippanwendungen. Nach dem Duschen ein kurzes Frühstück, dann begann das tägliche Training auf dem Ergometer. Im Laufe des Vormittags kamen noch im Wechsel der Tage Gleichgewichtstraining, Krankengymnastik, Wirbelsäulengymnastik, Ergotherapie oder Arbeitserprobung dazu.

Die Arbeitserprobung ist für die Patienten gedacht, die entweder wie ich, ihren Beruf nicht mehr ausüben können, bzw. wo eine Umschulung angestrebt wird oder um die noch möglich zu leistenden

Arbeitsstunden zu ermitteln. Es wurden Arbeitsstunden am PC, dem Hauswirtschaftsbereich und der Schreinerei angeboten. Ich entschied mich für die Schreinerei, da ich das Arbeiten mit Holz liebe und ich rigoros das Arbeiten in der Küche oder der Näherei ablehnte. Das konnte ich zu Hause jeden Tag unter Beweis stellen.

Mittags waren Visiten, Entspannungskurse, Psychotherapien einzeln oder in der Gruppe, Gedächtnistraining und diverse Tests am Computer, z.B. Konzentrationsübungen. Einmal in der Woche waren Pflichtvorträge und zweimal die Woche war ein MS-Treffen.

In der 4.Woche hatte ich die Chance in die Musiktherapie einsteigen zu können, in der ich persönlich sehr viel erreichte.

Der Klinikalltag endete mit dem Abendessen ca. um 18.30 Uhr. Anschließend verließ ich mit ein paar Mitpatienten regelmäßig die Klinik, um noch eine Runde zu gehen oder wir fuhren Fahrrad. Mich strengte dieses volle Klinikprogramm sehr an, und wir mussten alle den Kopf frei bekommen. Aber allmählich erholte ich mich körperlich, nur psychisch eher weniger.

Da Bad Buchau weit von Landau entfernt ist, bekam ich keine Besuche, außer einmal von meinem jüngeren Bruder, der in Konstanz wohnte. Das Heimweh nach meinen Kindern war in den ersten zwei Wochen furchtbar. Aus vier Wochen wurden fast sechs Wochen. Mit viel Willenskraft und Geduld brachte ich mich fast wieder auf den „alten" körperlichen Zustand. Eine berufliche Umschulung wurde mir abgeraten. Die Ausdauer- und Konzentrationstests fielen nicht gut aus. Mir wurde empfohlen, die EU-Rente zu beantragen.

Die Entlassung bzw. das Ende meines Schlossbesuchs rückte näher, und das machte mir Angst. Würde ich wieder in den Alltag zurückfinden? Wenn ich die Rente nicht bekäme, wie ginge es dann beruflich weiter? Zum Glück stand in meinem letzten Zeugnis nichts von einer Entlassung. Aber Fragen diesbezüglich würden gestellt werden.

Eine Rehabilitationsmaßnahme kann ich jedem Neubetroffenen sehr empfehlen, da man viel über seine Krankheit lernt in Bezug auf den Umgang im Alltäglichen. Aber auch eine stationäre psychologische Betreuung ist am Anfang sehr wichtig. Diese sollte ambulant als Psychotherapie fortgeführt werden. Auch Krankengymnastik in regelmäßigen Abständen ist oft notwendig. Aber es ist auch wichtig, ein Ausdauer- oder Fitnesstraining zu finden, um über Jahre eine körperliche Stabilität zu erreichen. Natürlich gilt dies nur für einen schubförmigen Verlauf, denn bei einem chronisch progredienten Verlauf sieht das Ganze anders aus.

Nach den 6 Wochen Reha fand ich allmählich wieder in den Alltag zurück, meine Psychotherapie setzte ich ambulant fast drei Jahre zu Hause fort. Ich habe gelernt, mit der MS zu leben, aber bei jedem Schub werde ich von neuem zurückgeworfen, und es bedeutet immer wieder eine enorme psychische Kraft und Überwindung, nicht aufzugeben.

Selbsthilfegruppe – „meine Welt“

Nachdem die Erstauflage meines Buches gedruckt war, kam die nette Anregung von Fr. Wingenfeld, Verantwortliche für Öffentlichkeitsarbeit der Deutsche Multiple Sklerose Gesellschaft (DMSG), „schreiben sie doch noch etwas über Selbsthilfegruppen“. Nun sitze ich erneut am Laptop, kaum drei Monate nach dem Erscheinen meines Buches, und berichte über meine Erfahrungen mit „unserer“ Selbsthilfegruppe, die durch die DMSG unterstützt wird.

Nachdem ich damals die Diagnose erhielt, ließ ich nicht viel Zeit verstreichen, um alle möglichen Informationen über diese Krankheit zu erfahren. Vier Wochen nach meinem „Schwarz auf Weiß-Erlebnis“ und noch immer mit dem Unbegreiflichen im Kopf machte ich mich an einem sehr kalten, verschneiten Abend auf den Weg zu meinem ersten Treffen in die Selbsthilfegruppe. Mit Herzklopfen und sehr gemischten Gefühlen betrat ich die mir genannte Gaststätte in Herxheim. Im Vorraum blieb ich stehen, unfähig nur einen weiteren Schritt zu gehen. Der Zufall wollte es, dass nach mir zwei Frauen kamen und somit gab es kein Zurück mehr. Ich wurde herzlich begrüßt, mit angenehmer Neugier und Interesse und schon saß ich mittendrin. Seit diesem Abend gehe ich recht regelmäßig einmal im Monat zu der Landauer Selbsthilfegruppe, die sich immer am dritten Freitag im Monat, mittlerweile im Bornheimer Freizeitcenter trifft. Private Freundschaften entwickelten sich, mit manchen telefoniere ich ab und zu auch, viele Fachvorträge finden statt, die wir gemeinsam am Jahresanfang aussuchen. Unsere Weihnachtsfeier im November ist der Jahreshöhepunkt.

In der Selbsthilfegruppe bin ich mit Menschen zusammen, denen ich nichts erklären muss über Taubheitsgefühle, Geh- und Blasenprobleme und sonstige Begleitsymptome. Viele bringen auch ihren Partner mit, das lockert die Gruppe auf und führt zu einem ungezwungenen Umgang untereinander. Wir tauschen uns über Alltägliches und Fragen rund um die MS aus, helfen Neubetroffenen und genießen den Abend bei einem guten Essen. Ich begegne dort Menschen, die mich so annehmen, wie ich bin, die mir ihre Hilfe anbieten, mir zuhören und mich ernst nehmen. Unser Gruppenleiter ist sehr engagiert und immer darauf bedacht, uns neue Informationen über die MS, Fachvorträge oder Bekanntmachungen der DMSG zu übermitteln.

Die Selbsthilfegruppe möchte ich nicht missen, sie fängt mich auf, wenn ich von meinem gesunden Umfeld nicht mehr aufgefangen werden kann. Die MS und unsere vielen Gesichter unter den 1000 verbinden uns ohne große Worte miteinander.

Mit der Sozialarbeiterin der DMSG, Fr. Oberfrank-Paul, die einen in Fragen rund um die MS berät, habe ich nur die besten Erfahrungen gemacht und empfehle jedem Neubetroffenen aus unserem Bundesland, sich an sie direkt zu wenden oder die Geschäftsstelle in Mainz zu kontaktieren:

Deutsche Multiple Sklerose Gesellschaft
Landesverband Rheinland-Pfalz e.V.
Hindenburgstraße 32
55118 Mainz

Tel.: 06131/604704
Fax: 06131/604930
E-Mail: dmsg-rheinland-pfalz@dmsg.de
www.dmsg.de/rlp

Die DMSG mit Bundesverband, 16 Landesverbänden und rund 900 örtlichen Kontaktgruppen vertritt die Belange von Menschen, die an Multipler Sklerose erkrankt sind und organisiert deren sozialmedizinische Nachsorge (Auszüge aus der Satzung).

Bundesverband e.V.
Küsterstr. 8
30519 Hannover

Tel.: 0511/96834-0
Fax: 0511/96834-50
E-Mail: dmsg@dmsg.de

An dieser Stelle möchte ich gerne den Leser auf die Homepage der DMSG aufmerksam machen. Eine intensive Beschäftigung mit den Themen lohnt sich nicht nur für Neubetroffene, sondern auch für Angehörige und man erhält die neuesten Informationen über die Erkrankung.

www.amsel.de (Aktion Multiple Sklerose Erkrankter) unabhängiger Landesverband der DMSG in Baden-Württemberg

Weitere Links anderer Anbieter(z.B. Pharmaindustrie):

www.ms-gateway.de
www.aktiv-mit-ms.de
www.leben-mit-ms.de

Meine eigene Homepage:
www.frauenpower-ms.jimdo.com

Zwei Menschen, die ich zu Wort kommen lassen möchte:
Meinen Vater und einen Freund, selbst betroffen:

Beitrag meines Papas

Multiple Sklerose, was ist das für eine Krankheit!

Die Nachbarin meiner Mutter, die im selben Haus wohnt, deren Tochter hat MS.
Ich war damals 50 Jahre, als ich ihr das erste Mal begegnet bin. Oft sah ich sie bei meinen Besuchen meiner Mutter. Mit den Jahren ging es ihr immer schlechter.
Ich sprach oft mit meiner Mutter über sie.

Meine Kinder waren gesund und unser Leben verlief in geregelten Bahnen. Ich hatte das Gefühl, nur anderen würden solche Erkrankungen passieren.

Vor ca. 8 Jahren, meine Tochter wurde geschieden, da gab es sehr viele Stresssituationen.
Caroline hatte plötzlich ein komisches Gefühl in den Beinen, ließ öfters Geschirr fallen und war vergesslich.
Meine Frau und ich wunderten uns, dachten aber es käme von der Scheidung, den daraus resultierenden Problemen und dem vielen Stress. Auch der Arzt war dieser Meinung.

Meine Tochter suchte sich zuerst eine Putzstelle im Hallenbad und dann fand sie eine Arbeitsstelle als MTA. Die Klinik war 20 km von Landau entfernt.
Ein Woche arbeitete sie den ganzen Tag, die darauffolgende Woche hatte sie frei, immer im Wechsel.
In der Firma, wo ich arbeitete, hatte ich Gleitzeit und so fuhr ich meine Tochter zur Arbeit.
Auf der Autofahrt erzählte sie mir von Schwierigkeiten bei der Arbeit, wie Konzentrationsproblemen und Angstzuständen.

Erneut wunderten sich meine Frau und ich, denn Caroline war vorher sehr erfolgreich im Beruf. Wir hatten keine Erklärung dafür.

Während des Strahlenschutzkurses nach Beendigung ihres befristeten Arbeitsvertrags hatte sie dieselben Probleme. Aber sie beendete ihn erfolgreich. Auch in der Mutter-Kind-Kur in Davos im selben Winter ging es ihr körperlich nicht gut.
Zu Hause ging sie zum Neurologen und anschl. zur MRT-Untersuchung. Caroline musste nach Ludwigshafen 1 Woche zur Beobachtung.

Es war ein Mittwoch. Ich kam in ihr Zimmer und ihre Mitpatientin und Caroline weinten.
Sie sagten mir, dass sie MS hätten.

Ich war so geschockt, dass ich kein Wort sagen konnte. Was hätte ich auch sagen sollen!

Wir haben uns dann informiert über die Krankheit, aber haben sie bis heute noch nicht richtig verarbeitet. Wir fragen uns oft, warum unsere Caroline?

Unsere Bekannten und Freunde waren entsetzt und hatten Mitleid mit uns. Es gab viele „gute Ratschläge"! Auch sagten sie, sie seien immer für uns da, wenn wir sie brauchen würden.
Dies sollte sich herausstellen, dass es nicht so war.
Durch Krankenhausaufenthalte und Schübe von Caroline hatten meine Frau und ich nicht mehr die Zeit zum Ausgehen mit Freunden und mussten oft kurzfristig absagen. Denn in diesen Zeiten betreuten wir unsere Enkelkinder.
Man kann die Krankheit nur in der Familie durch Liebe, Unterstützung und Zusammenhalten bekämpfen und seine eigenen Gedanken für sich behalten.
Die MS erinnert uns jeden Tag, dass sie allgegenwärtig ist und unser aller Leben beeinflusst.

Trotz meiner fremdsprachlichen Schwierigkeiten war ich gerne bereit einen Beitrag zu schreiben und hoffe auf das Verständnis der Leser.

Raymond Régnard

Gastautorenbeitrag Thomas

Man nennt die MS das "Chamäleon der Neurologie" und "die Krankheit mit den tausend Gesichtern". Sie kann eine Vielzahl unterschiedlicher Krankheitssymptome hervorrufen, und manche davon sind zunächst schwer mit der MS in Verbindung zu bringen. Nicht genug damit, dass die MS "tausend Gesichter" hat, zusätzlich können Begleiterkrankungen den Leidensdruck der Betroffenen stärker beeinflussen als die MS selbst.

Ein typisches Beispiel hierfür sind schwere Depressionen (Major Depression), die bei der MS mehr als doppelt so häufig vorkommen wie bei der Allgemeinbevölkerung. 50 % der MS-Betroffenen erleben im Laufe ihres Lebens eine schwere Depression. Ob von Läsionen im ZNS selbst verursacht oder durch die Auseinandersetzung mit der Krankheit hervorgerufen, weiß man nicht. Jedenfalls führt eine schwere Depression oft zu einem erheblichen, subjektiven Verlust an Lebensqualität, teilweise gravierender als die körperlichen Behinderungen selbst. Es ist deshalb wichtig, davon Betroffene wirklich ernst zu nehmen, ihnen zuzuhören, um zu verstehen, dass Leid und Schmerz von jedem Menschen unterschiedlich wahrgenommen werden. Nicht sichtbare oder nicht mitteilbare Symptome können "schmerzhafter" erlebt werden als auf den ersten Blick erkennbare.

Mit einem körperlich stark Betroffenen hat man sofort Mitgefühl, ein "unsichtbar" psychisch Betroffener stößt vielleicht sogar auf Ablehnung, trotz größerem Leidensdruck. Ich habe MS, hatte eine

Krebsoperation und habe eine "unsichtbare" chronische Begleiterkrankung. Meine Psyche leidet mehr als mein Körper. Manchmal ist Hilfe für mich, wenn mir jemand nur einfühlsam zuhört, mehr nicht. Und wenn der Leidensdruck so groß ist, dass ich nicht mehr sprechen möchte, genügt es mir, wenn jemand einfach nur bei mir ist. Und wenn ich selbst das nicht mehr ertragen kann, einen Menschen in meiner Nähe, bin ich schon dankbar dafür, wenn ich deshalb nicht auf Unverständnis stoße. Viele MS-Patienten befinden sich in ähnlichen Situationen und haben Schwierigkeiten, verstanden zu werden, weil man gerade "unsichtbare" Leiden nicht so leicht verständlich machen kann.

Manchmal ist es ein "nicht-verstehen-können", manchmal leider ein "nicht-verstehen-wollen". Deshalb meine Bitte an Außenstehende, aber auch an Betroffene, zuzuhören und zu versuchen, Verständnis dafür zu entwickeln, dass es bei der Erkrankung mit den tausend Gesichtern auch ein paar traurige Gesichter gibt, die man, zumindest auf den ersten Blick, leider nicht erkennen kann.

Weitere Gastautoren:

Nicht betroffen und doch getroffen...

...so würde ich meine Einstellung zur „MS" bezeichnen.
Seit dreißig Jahren begleitet mich diese Erkrankung, unfreiwillig. Dabei habe ich für mich eine andere Bezeichnung gewählt: MS heißt für mich eigentlich „meist schleichend". Denn so habe ich es erfahren. Ich möchte die Gelegenheit nutzen, meine jahrzehntelangen Erfahrungen im Umgang als „Gesunder" mitzuteilen.
Als junges Mädchen erfuhr ich von dieser Erkrankung, Mitte der siebziger Jahre.
Ich war das erste Mal beim Frauenarzt. Dieser Arzt war für mich optisch total faszinierend. Deshalb wunderte ich mich sehr, warum er sich nur sehr mühevoll am Schreibtisch hochziehen und sehr schlecht laufen konnte. Die Frau eines ehemaligen Schulkameraden arbeitete in dieser Praxis als Sprechstundenhilfe.
Und so erfuhr ich später, dass diese Erkrankung „MS" heißt.
Zunächst dachte ich, dass er als Arzt bestimmt besser mit so einer Erkrankung zurechtkommen würde. Im Laufe der Jahre stellte ich fest, wie die Erkrankung fortschritt und zwar so, dass bald ein Rollstuhl nötig war. Er konnte zwar noch aufstehen, aber kaum noch gehen. Eben für mich so empfunden als „schleichend".
Als ich älter wurde, getraute ich mich ihn danach zu fragen, was das für eine Erkrankung sei, Prognose usw. Da war ich dann sehr betroffen. Vor allem, weil er auch wegen dieser Erkrankung auf Kinder verzichtete.
Ich habe an ihm immer bewundert, dass er nie gejammert hat. Er hat trotz dieser Erkrankung für mich eine Art Stärke ausgestrahlt. Er hat das Beste daraus gemacht, ist lange selbst Auto gefahren, hat Urlaub gemacht in Spezialeinrichtungen. Damit seine Frau sich von ihm „erholen" konnte, wie er immer wieder betonte. Und er war froh darüber, dass ich gefragt und mich interessiert habe und „nicht" die Augen verschlossen habe. Das hat mir später sehr geholfen. Denn unsere zweite Tochter war von Geburt an schwer krank.

Ich konnte deshalb nicht berufstätig sein mit meinem abgeschlossenen Studium.
Ständig war ich in Krankenhäusern und Rehabilitationskliniken unterwegs. Die Prognose war nicht sehr günstig. Aber dieser Arzt hat mich in vielen Gesprächen gelehrt, wie man mit einer chronischen Erkrankung umgeht. Nicht nur das, er hat es auch gelebt.
Ich habe ihm erzählt, wie es mir mit unserer Tochter ergangen ist und bekam von ihm dann die Bezeichnung „mein Supermädchen" verpasst. Er lobte mich sehr, was ich alles unternahm, um diesem Kind eine halbwegs „normale" Kindheit zu ermöglichen.
Diese direkte und gelebte Erfahrung hat mir geholfen, mit der Erkrankung meiner Tochter umzugehen und besser damit zu leben. Wir als Eltern haben ihr vermitteln können, wie sie damit im Leben zurechtkommen kann. Dieser Arzt hat vor ein paar Jahren dann doch seine Praxis vorzeitig aufgeben müssen, leider.
Aber er war kein gebrochener Mann. Mir sind damals die Tränen gekommen, als ich seine Danksagung an die Patienten in der Zeitung las.
Auch bei uns im Ort gibt es eine etwas jüngere Frau als ich, die MS hat. Da konnte ich über die Jahre leider auch sehen, wie die Erkrankung fortschritt, Rollstuhl.
Und: eine gute Bekannte von mir erkrankte auch daran, eben jene Person, die mich bat, hier einen Gastkommentar zu schreiben.
Caroline lernte ich in einer Schweizer Rehaklinik kennen: wir waren gesund und unsere Kinder krank. Später trafen wir uns in dieser Klinik wieder und machten beide unsere Ausbildung als „Asthmatrainer".
Wir hielten immer Kontakt über unsere Kinder.
Dann hatte sie viel Pech im Leben. Die Ehe scheiterte, sie war mit zwei Kindern allein erziehend, und dann kam noch die „MS". Auch hier, meist schleichend.
Ich war sehr entsetzt, denn es tauchten wieder die Bilder auf von meinem Arzt und zum Schluss dem Rollstuhl.
Nein, ich habe mich nicht zurückgezogen, wie es viele tun. Habe zugehört, getröstet, war aber auch sprachlos, aber ich war da. Sie

hat mir viel berichtet, wie es ist, einen „Schub" zu haben, die Angst, Nebenwirkungen der Medikamente usw.
Ich dachte, vielleicht hat ja die Medizin auch ihre Fortschritte gemacht in all den Jahren...
Eine andere Bekannte, auch kennengelernt in der Schweizer Rehaklinik durch die Kinder, erkrankte an Rheuma, und eine andere Bekannte bekam Krebs.
Durch meine kranke Tochter habe ich selbst erlebt, dass sich die Gesunden zurückziehen. Es passt nicht in unser perfektes Leben, krank zu sein.
Aber das ist der falsche Weg. Ich habe Selbsthilfearbeit gemacht, um anderen betroffenen Eltern zu zeigen, euer krankes Kind braucht Unterstützung, um durchs Leben zu gehen.
Ich bin dankbar, dass ich selbst gesund bin. Das nutze ich, um regelmäßig Blut und Plasma zu spenden. Ich vermisse diese Dankbarkeit bei den meisten Gesunden. Da heißt es einfach immer nur: schneller, höher, weiter.
Meine Tochter ist immer noch krank, aber sie macht nächste Woche ihre Abiturprüfung. Wir haben es geschafft, dass sie mit ihrer Erkrankung leben kann, auch wenn sie eingeschränkt ist. Diese Einstellung konnte ich aber nur vermitteln, weil ich von „Kranken" lernen konnte, was es heißt, mit einer Erkrankung zu leben.
Deshalb ist es wichtig, dass dieses Buch erscheint. Ich hoffe auch, dass es nicht nur Betroffene lesen, sondern auch Personen wie mich, „Getroffene".
Dann hat es seinen Zweck erfüllt. Nicht wegschauen, sondern helfen, teilhaben, zuhören.
Mein Leben hat es bereichert.

Danke euch allen und meinen Respekt, dass ihr euch nicht versteckt, sondern uns mitteilt, wie es euch geht... Lasst euch aber auch helfen von denen, die es ernst meinen.

Gastbeitrag von Elvira

Lieber Gastkommentar einer Freundin

Als Caroline und ich uns vor 25 Jahren kennen lernten, wussten wir Gott sei Dank noch nicht, was das Leben für uns beide noch an Überraschungen vorgesehen hat. Hätte uns damals jemand gesagt, was uns erwarten würde und dass wir trotz allem die Lebensfreude nicht verlieren, wir hätten diesen „Jemand" für verrückt erklärt.

Nach der Trennung von ihrem Mann, glaubten meine Familie und ich, dass die negativen Ereignisse bei Caroline endlich überstanden waren. Die Diagnose MS war für uns wie ein Sprung ins kalte Wasser. Da ich nicht viel über diese Krankheit wusste, außer, dass dies eine Nervenerkrankung ist und meistens im Rollstuhl endet, gingen mir viele Dingen durch den Kopf: „Wie ist der Krankheitsverlauf? Wie kommt Caroline mit der Diagnose klar? Hat sie die nötige Kraft, um den Kindern eine „normale Kindheit" zu ermöglichen?" Nachdem die Diagnose feststand, merkte man Caroline überhaupt nichts an, sie war genauso wie vorher und meisterte ihr Leben nach wie vor mit Bravour.

Da sie im Gegensatz zu anderen doch sehr häufig einen Schub bekam, blieb es nicht aus, dass sich ihr Zustand verschlechterte. Mir fiel auf, dass ihre Merkfähigkeit nachließ und ich zuerst nicht wusste, ob sie bestimmte Dinge vergisst, weil sie überlastet ist, weil sie gerade keine Böcke darauf hat oder dies doch auf die MS zurückzuführen ist. Heute weiß ich, dass dies mit ihrer Krankheit zusammenhängt, und reagiere dementsprechend.

Immer wieder stellte ich mir die Frage, warum sie so häufig einen Schub bekommt. Nicht nur die täglichen Aufgaben einer alleinerziehenden Mutter, sondern auch die finanziellen Sorgen und die immer wiederkehrenden Streitereien mit dem Ex, tragen nicht dazu bei, zur Ruhe zu kommen, und sind vielleicht eine Erklärung für die häufigen Schübe.

Ich habe es schon oft bedauert, dass wir mehr als 100 km auseinander wohnen und ich Caroline leider keine Hilfe anbieten kann.

Leider leben wir in einer Gesellschaft, die es nicht gelernt hat, Kranke, Alte und Behinderte in die Gesellschaft zu integrieren. Ich habe erst durch unsere mehrfach behinderte Tochter den Umgang mit Behinderten gelernt. Für mich ist es immer wieder eine Bereicherung zu sehen, welche Fähigkeiten auch ein schwer behinderter Mensch hat. Diese Erfahrung möchte ich nicht mehr missen.

Es ist toll, dass Caroline sich entschieden hat dieses Buch zu schreiben, denn ich weiß, wie viel Überwindung sie dieser Entschluss gekostet hat, und ich hoffe, es macht allen Lesern Mut, das eigene Schicksal, egal welcher Art, anzunehmen und das Positive im Leben nicht aus den Augen zu verlieren.

Gabriele

Offenes Ende:
Der „Kampf" geht weiter oder vielleicht ein Neuanfang?

Die Hoffnung stirbt zuletzt! Eine schnell dahin gesagte Floskel, die jeder von uns schon einmal gesagt hat. Aber wie wahr und schnell holt mich nun die Gegenwart ein.

Nun schreibe ich mein letztes Kapitel in diesem Buch. Geschriebenes muss ergänzt werden, denn die Realität und somit meine MS haben mich eingeholt.

Ende Januar diesen Jahres hatte ich einen erneuten Schub, den ich ohne Kortison durchgestanden habe. Die MRT-Bilder zeigen eine hohe Krankheitsaktivität. Nun bekommt das Gespenst, dass seit Monaten in meinem Kopf herum spukt, ein Gesicht - Tysabri! Ich habe mich nach zähem Ringen mit mir, Lesen von Fachliteratur und vielen Gesprächen mit Fachärzten entschlossen, doch dieses viel gepriesene Medikament zu infundieren. Leicht habe ich es mir nicht gemacht, weiß Gott nicht! Denn ich gebe zu, eine große Angst vor den Nebenwirkungen zu haben. Vor allem vor der Erkrankung PML (progressive multifokale Leukenzephalopathie). Die Chancen stehen zwar 1:10 000, aber warum sollte es immer nur die anderen treffen, so fragte ich mich zwei Jahre lang. Aber nun ist Schluss mit den negativen Gedanken.

Meine Entscheidung steht fest. Ich werde Tysabri als Chance sehen, meine MS in den Griff zu bekommen. Heute Abend habe ich mich von den wenigen restlichen Copaxone-Spritzen verabschiedet. Nicht mit weinenden Augen. Die Abende ohne Injektionen beginnen wieder, welch Glücksgefühl.

Ich muss ein paar Wochen Pause machen, damit der Körper das Copaxone abbauen kann. In ein paar Wochen werde ich eine Nacht stationär im Klinikum aufgenommen, um meine erste Tysabri-Infusion zu bekommen. Eigentlich bin ich jetzt beruhigter, denn ich stehe hinter meinem Entschluss, und das ewige Hin und Her hat ein Ende. Planbar ist unser Leben nicht, aber Ziele vor den Augen zu haben, mit offenen Augen und realistischen Gedanken durchs Leben zu gehen, das ist wichtig für mich. Ich will die kommenden zwei Monate bis zur neuen Therapie etwas zur Ruhe kommen. Im Nein-Sagen bin ich schon geübt, das Üben mit der Gelassenheit fällt mir immer noch schwer.

Mit meinen Worten in diesem Buch hoffe ich auf Verständnis für Dinge, die ich nicht umschrieben habe, sondern wo ich klar und deutlich meine eigene Meinung kundgetan habe. Ich wünsche MS-Betroffenen und deren Angehörigen viel Kraft, Liebe und, dass sie ihre Zuversicht nicht verlieren. Wir Betroffenen sitzen mehr oder minder im gleichen Boot. Nur wir können annähernd das empfinden, was diese Erkrankung mit uns macht. Verlieren wir nicht den Mut trotz MS, auch wenn die Sonne nicht immer scheint.

Alles Gute und eine Portion Mut
wünscht ihnen

Caroline Régnard-Mayer

Fremdwörter zum Nachschlagen

Ataxie:	Störung des Bewegungsablaufs
BWS:	Brustwirbelsäule
Chronisch:	progredient: langsam fortschreitend
Cortison:	Stresshormon, das durch ACTH aus der Nebennierenrinde freigesetzt wird
Demyelinisierung:	Entmarkung einzelner Nervenfasern
Dysästhesien:	„verfälschte" od. unangenehme und mitunter schmerzhafte Wahrnehmung von Berührungs- oder Temperaturreizen
Fatigue:	vorzeitige Ermüdbarkeit bis hin zur totalen Erschöpfung
Gangataxie:	Unsicherheit beim Gehen, die sich als staksiges Gangbild bemerkbar macht
Hirnstamm:	verlängertes Rückenmark, verbindet Rückenmark mit Gehirn
Hüftdysplasie	angeborene Verrenkung im Hüftgelenk, Kopf tritt aus der Pfanne
intramedullär:	im Rückenmarkskanal
imperativ:	zwingend
Koordinationsstörungen:	Störung, gezielte Bewegungen auszuführen
Läsionen:	Schädigungen und Störungen von Gewebestellen
Liquor:	Rückenmarkswasser

LWS:	Lendenwirbelsäule
Lumbalpunktion:	Rückenmarkspunktion zur Gewinnung von Liquor
motorisch:	die Bewegung betreffend
Myelin:	Isolationsschicht der Nerven
Nucleusprotrusion:	Bandscheibenvorwölbung
Ödem:	Flüssigkeitsansammlung
Oliklonale Bande:	Verbund spezialisierter Zellen, die das Myelin im ZNS bilden
Optikusneuritis:	Sehnerventzündung
Paraesthesien:	kribbelnde Missempfindungen, „Ameisenlaufen"
Parese:	Lähmung
periventrikulär:	am Rande der Gehirnkammern
Plaque:	entzündlicher und später narbig veränderter MS-Herd
Polyradiculitis:	Virus, der die Wirbelsäule befällt
progredient:	vorrücken, voranschreiten
Protrusion:	Vortreibung am Hüftgelenk
Remission:	Rückbildung von Symptomen
Rezidiv:	Wiederauftreten von Krankheitszeichen
Sklerose:	bei der MS narbig verheilter Entzündungsherd
Spastik:	erhöhter Muskeltonus
Symptom:	Krankheitszeichen

~Was mir noch am Herzen liegt, kommt zum Schluss!~

Den größten Dank spreche ich meinen Kindern für ihre riesengroße Geduld aus!
Danken möchte ich auch meinen Eltern für ihre große Unterstützung.

Stolz bin vor allem auf mich, dass ich es gewagt habe, dieses Buch zu schreiben, und mein Inneres preisgegeben habe. Es fiel mir nicht immer leicht.

Für unzählige Stunden des Korrigierens und Gegenlesens danke ich Thomas.

Meinen Freundinnen und ihren Familien für ihre Geduld und, dass sie zu mir halten. Tief berührt haben mich meine Freundinnen Susanne, Gabi und Elvira mit ihren Beiträgen. Toll, dass ihr den Mut hattet, zu schreiben.

Einen herzlichen Dank geht an meinen geschätzten Neurologen Dr. Ehrhardt und seine netten, immer hilfsbereiten Arzthelferinnen.
Auch an die Ärzte, vor allem Hr. Dr. von Schrader, und Pflegedienste des Klinikums Ludwigshafen, die mich behandeln und Menschen, die mich beraten und unterstützt haben, ebenso unsere Selbsthilfegruppe und dem Team des DMSG-Landesverband Rheinland-Pfalz.

Ergänzung zu meinem ersten Buch (Oktober 2009)

Leider schlichen sich bei der Erstauflage meines Buchs zwei Absatzfehler ein. Außerdem lagen mir die Themen Selbsthilfegruppe und meine viermonatigen Erfahrungen mit der Tysabri-Therapie am Herzen. Nun will ich auch Betroffenen, die wie ich nach erfolglosen Interferon- und Copaxone-Therapien bei der Behandlung mit dem doch viel versprechendem Medikament Natalizumab (Tysabri) angelangt sind, Insider Erlebtes berichten.

Wie schon in den vorigen Kapiteln kann ich nur von meinen persönlichen Erfahrungen berichten und möchte keine Empfehlungen abgeben. Jeder MS-Betroffene wird im Laufe der Jahre seine eigene Geschichte, seine Empfindungen und Therapien durchleben. Ich habe nun wieder einen neuen Weg beschritten, überzeugt, das Richtige zu tun. Das Vergangene ist abgeschlossen, der „Kampf" mit der Krankheit geht weiter, aber erneut mit voller Kraft nach vorne. Unterkriegen lasse ich mich nicht, auch wenn es weniger gute Tage auch bei mir gibt. Erkennen, dass man die Sonnentage zu schätzen lernt, gibt Auftrieb und macht mich mutig.

Viele Leser erzählten mir, dass sie sich in meinem Buch wiedergefunden haben und meine Offenheit schätzten. Nun, das war mir sehr wichtig, offen und ehrlich zum Leser zu sein, und ich konnte auch einigen Menschen Mut machen. Wir MS-Betroffene sitzen doch irgendwie im gleichen Boot, trotz den 1000 Gesichtern der Multiplen Sklerose.

Tysabri - meine Chance!

Am 7. Juli 09 fuhr ich ins Klinikum Ludwigshafen, um meine erste Infusion zu bekommen.

Nervlich angespannt bis aufs äußerste nahm ich zielstrebig den Aufzug in den 5. Stock, die neurologische Aufnahme war mein Ziel. Auf dem Flur begegnete ich meinem behandelnden Arzt aus der MS-Ambulanz, der mich begrüßte und mir Mut machte, da ihn meine Nervosität regelrecht auffiel. Während des Wartens in der „neurologischen Sitzecke" fiel die Angst plötzlich von mir und ich wusste endlich, ich hatte doch die richtige Entscheidung getroffen. Nach dem vielen Papierkrieg ging ich in den 6. Stock zu meiner ach so bekannten Station! Bilder von dem Tag der Erstdiagnose und meinem letzten stationären Aufenthalt flogen mir nur so um den Kopf. Nachdem ich aber dann bekannte Gesichter unter den Schwestern entdeckte, fühlte ich mich ein wenig beruhigter. Ein Zimmer wurde mir zugewiesen. Auch dieses Mal hatte ich Glück mit meiner Zimmermitbewohnerin, eine sehr liebenswerte, vitale 90-jährige Dame. Da ich ja nur für eine Nacht stationär aufgenommen wurde, war das Auspacken schnell erledigt.

Auch hier ging der Papierkrieg nochmals los, zuerst die Schwestern mit unzähligen Fragen und anschließend untersuchte mich der Stationsarzt. Alle mir schon bekannten Fragen wurden erneut gestellt und er war beeindruckt von meinen mitgebrachten Kopien und MRT-Bildern. Die Runde ging an mich. Mir wurde ein Medikamentenpass ausgehändigt, den ich immer bei mir führen sollte. Dann Blutabnahme, um die Entzündungsparameter abzuklären. Beim Legen des Venenzugangs brachte ich den Stationsarzt dann doch ins Schwitzen, meine Venen wollten nicht so wie er und meine gelassene und muntere Art irritierten ihn doch sehr. Auch diese Runde ging an mich. Mit Humor verdränge ich viel, kann so die mir durch die MS aufgelegten Gegebenheiten annehmen, wobei dies nicht jeder verstehen kann. Wie sollte er auch!

Nach etlichen Stunden des Wartens, die ich mit Lesen und sehr netten Gesprächen mit der älteren Dame verbrachte, spazierte der Stationsarzt, jetzt auch mit heiterer Miene in unser Zimmer. In der Hand die Tysabri-Infusion!

Durch das schnelle Anlegen konnte ich nur ein Kribbeln im Bauch verspüren, die Angst blieb zu meinem Glück auf der Strecke. Schon nach kurzer Zeit schlief ich ein und erwachte erst kurz bevor die Flasche leer lief. Welch riesengroßen Appetit verspürte ich. Am liebsten hätte ich meiner Zimmernachbarin den Kuchen aus der Hand gerissen! Leider musste aber noch eine kleine NaCl-Flasche angehängt werden zum Durchspülen der Venen. Kaum abgestöpselt, rief ich bei einem Bekannten an, der im Klinikum arbeitet, um mit ihm das Kuchenbüffet der Cafeteria zu stürmen. Wenn nach jeder Infusion der Appetit gesteigert ist, werde ich mich warm anziehen müssen oder Diättage einplanen.

Wie schon beim Spritzen von Copaxone verspürte ich kaum Nebenwirkungen. Die Müdigkeit verschwand zu Hause nach zwei Tagen und die Appetitsteigerung war nur ein Strohfeuer.

„Autorischer“ Höhenflug

Mein neu erschienenes Buch verlieh mir Flügel. Als erstes mussten die Redaktionen sämtlicher Fachzeitschriften angeschrieben werden, ein Flyer gestaltet und in den MS-Portalen machte ich auf mein Buch aufmerksam, noch vieles mehr nahm meine Zeit in Anspruch. Zum Glück waren zu diesem Zeitpunkt Sommerferien.

Schon nach der ersten Tysabri-Infusion fühlte ich mich körperlich besser, hatte ein Leistungshoch. Bemerkbar machte es sich vor allem beim Sport. Im Fitnessstudio steigerte ich meine Laufstrecke von Woche zu Woche. Zuerst war ich etwas vorsichtig, fast ängstlich, da ich solche Leistungssteigerungen schon lange nicht mehr kannte. Die letzten zwei Jahre ging es eher bergab statt bergauf, nun wendete sich das Blatt!

Meine zweite Tysabri-Infusion bekam ich ambulant erneut im Klinikum Ludwigshafen.
Wieder nahm ich den Fahrstuhl in den 5.Stock, Papierkrieg in der MS-Ambulanz und der neurologischen Aufnahme, Begrüßungsritual durch meinen behandelten Arzt. Es wurde dieses Mal extra für mich ein uralter Liegestuhl in den Patientenaufenthaltsraum geschoben, da normalerweise keine ambulanten Infusionen im Klinikum durchgeführt werden. Wie dies mein behandelnder Neurologe durchboxte, geschweige denn abrechnen sollte, wird mir immer ein Rätsel bleiben.

Die Stationsärztin legte mir mit Ruhe und einmaliger Treffsicherheit den Zugang und hängte dann die Tysabri-Infusion an. Leider schlief ich dieses Mal nicht, denn der Stationsalltag und das Kommen und Gehen der Patienten machten dies unmöglich. Aber der Hunger meldete sich schon während dem Infundieren und auf das nette Fragen der Schwester nach einem Mittagessen schlug ich dieses nicht aus. Meine Selbstdisziplin war lobenswert, aß nur ein Drittel der Speisen!

Nach mehreren „Besuchen" der Stationsärztin und meines behandelnden Arztes, der mir auch den Brief mitgab, war nur noch die NaCl-Flasche zu überstehen. Nach 3,5 Stunden des Wartens und Infundierens wollte ich nur noch raus und stellte die Flasche etwas schneller. Kaum leer gelaufen, klingelte ich und es musste nur noch schnell irgendjemand mir die Nadel ziehen - weg war ich! Mein Sofa zuhause und die Ruhe riefen nach mir, denn meine Kinder waren auf Kurzurlaub für drei Tage auf zwei Familien verteilt. Es ist besser für beide, wenn sie von solchen Tage des „Schlechtgehens" so wenig als möglich mitbekommen.

Haribo macht Kinder froh und mich und Bea ebenso!

Dienstag, 1. September. Schon wieder sind vier Wochen vorbei. Die Zeit verging wie im Fluge, aber auch das Nachlassen der Wirkung von Tysabri macht sich seit drei Tagen bemerkbar. Ich erschöpfte schneller und war körperlich nicht mehr so leistungsfähig. Dies bringt mich nicht aus der Fassung, denn das „Aufladen meiner Akkus“ ist dank Tysabri nun gesichert.

Meine Freundin Bea ist aus München angereist, aber natürlich nicht eigens wegen mir, sondern wegen unserem Klassentreffen aus der Maria-Ward-Schulzeit am Wochenende. Bea und mich verbindet eine 28-jährige Freundschaft, unsere gemeinsame Schulzeit, erste zarte Freundschaften mit dem anderen Geschlecht, Berufsjahre, die uns beide räumlich trennten, aber nicht entzweiten. Die Hoch und Tiefs des Lebens wurden per Telefon und Briefen besprochen und beweint, Trost gespendet, wo nötig und Mut für neue Wege gemacht. Bea wurde nun mein „Klinikbegleiter“ für meine dritte Infusion.

Wieder eine Autofahrt nach Ludwigshafen. Dieses Mal mit Austausch der neuesten Ereignisse unserer Familien, Aufzug rauf in den 5. Stock und die übliche Anmeldung. Nach endlosen eineinhalbstündigen Warten mit einer großen Haribo Tüte in dem von mir schon bekannten Patientenaufenthaltsraum legte mir die Stationsärztin den Zugang und die Tysabri-Infusion an. Nach zwei Stunden guter Verträglichkeit des Medikaments konnten wir nach Hause fahren.

Am Tag der Infusion verspüre ich einen enormen Heißhunger gespickt mit leichten Magenschmerzen. Dieses Phänomen sollte mir jemand einmal erklären. Wenn ich andere Mitpatienten danach frage, bestätigen sie mir zwar den Appetitanstieg, aber nicht die Magenschmerzen. Nun gut, wird wohl mein empfindlicher Magen dran schuld sein. Die einzige nennenswerte Nebenwirkung ist die enorme Müdigkeit ein bis zwei Tage danach. Habe ich doch somit glatt eine passende Ausrede für mein Mittagsschläfchen! Die anschließenden drei Wochen verspüre ich ein Leistungshoch, das mir mehr Lebensqualität schenkte. Selbst im Fitnessstudio konnte ich meine Strecke in den letzten vier Monaten auf dem Laufband von 500m auf 3,3 km erhöhen. Stolz bin ich auf mich und mein Ziel, bis Ende des Jahres 4 km zu schaffen. In kleinen Schritten, aber für mich mit großer Wirkung.

Ich weiß, dass ich mit dem Medikament Tysabri auf dem richtigen Weg bin. Die Angst bezüglich der PML ist in die letzten Schubladen meines Bewusstseins verbannt. An die angeordneten dreimonatigen Blutabnahmen zur Bestimmung der Leberwerte und des Blutbildes, werde ich mich strikt halten. Auch sollte eine Titerbestimmung gegen Natalizumab (Wirkstoff von Tysabri) alle 9 Monate mitbestimmt werden. Ein Schädel-MRT wird nach dem Ermessen des Neurologen zumindest einmal im Jahr angeordnet.

Zweites Buch

MS – Mein Schicksal, mein Leben!

Frauenpower trotz MS – Teil 2

Inhalt

Ein paar Worte davor...

So lange das Buch nicht gedruckt ist, lässt es mich nicht los und vor drei Nächten schrieb ich noch das Kapitel „Mit den Augen meiner Kinder“. Mein Kopf ist noch voller Gedanken und Worte, aber ich bin körperlich total erschöpft. Ich brauche eine „künstlerische Auszeit“. Denn ich käme sonst nie zum Ende.

Eigentlich wollte ich nicht unbedingt kurz nach dem Erscheinen meines ersten Buches eine Fortsetzung schreiben. Aber jetzt bin ich doch sehr froh und stolz, bald das neueste Exemplar in den Händen zu halten.

Über den Buchtitel machte ich mir ganze vier Monate Gedanken. Auch über das Foto des Buchcovers. Denn erstens ist die Power der Frau, sprich mir, dezimiert und zweitens sahen mich Nicht-Leser ungern mit Rucksack wandernd im Pfälzerwald. Nun diese Nichtsahnenden kann ich beruhigen, ich landete nach der Aufnahme des Fotos vier Tage später mit einem Schub in der Klinik. Ich hatte mich mal wieder übernommen.

Was mich anfangs belastete, inspirierte mich nun zu einem vielleicht besseren Buchtitel. Wir werden sehen, auch dieses Mal bin ich offen für Kritik, aber auch Lob!

Ich lade sie nun ein zum Tanz auf dem Drahtseil und dem Vorwort.

Landau, im Januar 2011

Vorwort

Viele Leser wollten wissen, wie mein Leben mit der Krankheit Multiple Sklerose und der Alltag mit meinen Kindern weiterging. Aber nicht nur aus diesem Grund habe ich eine Fortsetzung geschrieben, sondern das Schreiben hilft mir, meine Gedanken, das Alleinsein und Erlebtes zu sortieren und zu verarbeiten.

Ich nehme als Prophylaxe und Schubvermeidung immer noch das Medikament Tysabri (Natalizumab) und hoffe, wie alle MS-Erkrankten auf neue Medikamente. Seit meinem letzten Buch ist mein Leben nicht leichter geworden. Die Infusionen alle vier Wochen binden mich an ein Zeitschema, das genau eingehalten werden muss, und die Power bzw. Kraft wurde ausgebremst. Auch hat sich eine Depression manifestiert. Aber die Restkraft nutzte ich, um mich von altem Ballast zu trennen und das Leben irgendwie noch an manchen Tagen zu genießen. Ich nehme das Leben mit der Erkrankung MS an, auch meine Depression. Wenn es gute Tage gibt, äußert sich das sehr in meiner Kleidung und ich bin geschminkt, an den schlechten Tagen herrschen die Farbe Schwarz und ein blasses Gesicht vor. Aber es ist gut, so wie es ist. Ich stehe dazu. Auch wenn mir der Leitspruch meiner Freundin Maggie in grauen Tagen über vieles hinweg hilft: „Wer sich beschissen fühlt, muss nicht beschissen aussehen.“

Aber es kostet mich mehr Energie und Willenskraft als noch vor zwei Jahren, das Leben zu meistern. Aber ich verliere nicht den Mut, mich weiterhin dieser unheilbaren Erkrankung zu stellen.

Ich lade sie ein, mich durch Monate von Eindrücken, Gedanken und Gelebtem der letzten eineinhalb Jahre zu begleiten: durch Höhen und Tiefen eines Lebens mit der Krankheit Multiple Sklerose. Auch dieses Mal werden sich einige wiederfinden in den 1000 Gesichtern der Krankheit.

Meine tollen Leser

Ich kann niemandem beschreiben, welch überwältigendes Gefühl ich hatte, nachdem mein Buch den Durchbruch in allen MS-Portalen schaffte. Das Allerschönste waren aber die vielen E-Mails aus ganz Deutschland, Österreich und der Schweiz, die mich erreichten. Ich hoffe, ich habe sie auch alle beantwortet!?

Mein erstes Buch, das ich selbst verschickte, ging nach Wien zu Andrea. Eine intensive Mailfreundschaft hat sich daraus entwickelt, alle zwei, drei Tage schreiben wir uns über unseren Alltag mit der MS, Familie, Freunde, über Erlebtes und Vergangenes, Erfahrungen u.v.m. Im Oktober werde ich sogar vier Tage zu ihr nach Wien fliegen, um sie endlich persönlich kennen zu lernen. Ein Billigflug ist schon seit zwei Monaten gebucht. Ich möchte Andrea nicht mehr missen, so sehr ist sie mir in dieser kurzen Zeit ans Herz gewachsen.

Aber auch mit vielen anderen besonderen Menschen habe ich korrespondieren dürfen. Sie gaben mir Einblick in ihr Leben, machten mir Mut, gaben mir Tipps und suchten Trost und Verständnis. Ein Leser aus Österreich schickte mir das Konzept einer Therapie mit Stutenmilch, ein anderer berichtete mir über seine Erfahrungen mit der klassischen Homöopathie und eine Physiotherapeutin schenkte mir eine Craniosacrale Behandlung in ihrer Praxis. Auch über Erfahrungen mit MS-typischen Medikamenten tauschte ich mich mit sehr vielen Menschen aus.

Ich freue mich auch sehr über viele Leser, die so geduldig auf mein zweites Buch warteten. Ich hätte nie im Entferntesten daran gedacht, dass viele Betroffene wissen wollen, wie mein Leben mit der MS und mein Alltag verlaufen, dass meine Gedanken sie interessieren. An dieser Stelle danke ich allen Leserinnen und Lesern, allen Betroffenen, meinen Eltern, Freunden und Bekannten für ihr Interesse, ihre Geduld und ihren mutmachenden Zuspruch. Ohne euch hätte ich es nicht geschafft, die vielen unzähligen Nächte des Schreibens und des Eintauchens in Momente, die ich lieber hinter einem verstohlenen Lachen oder im Herabspielen einer Lebenssituation abgetan hätte.

DANKE!

Ich danke für dieses Leben

Meinen Eltern danke ich für dieses ereignisreiche, aber für mich nicht immer leichte Leben. Für ihr Dasein, ihre Liebe, Geben und die gut gemeinten Ratschläge. Auch wenn sie als Eltern nicht wahrhaben wollen, dass man sich schon lange abgenabelt hat und ein eigenständiges Leben führt. Wird es mir mit meinen Kindern auch so ergehen oder werde ich alles anders machen, da man ja nicht so wie die Eltern leben möchte?

Nun, kann man sich für ein Leben bedanken, das nicht immer geradlinig verlief und das von einer chronischen Erkrankung geprägt ist? **JA,** das kann ich und möchte dies mit diesem Kapitel tun.

Gerne erinnere ich mich an meine gut behütete Kindheit, an Sonntage mit der Familie bei gemeinsamen Spaziergängen, gehüllt in „Sonntagskleidchen" mit weißen Kniestrümpfen und Lackschuhen. Meine Oma, Mama und ich sangen immer „Ein Wandersmann ..."

Das Autowaschen mit meinem Vater am Flussufer der Queich, das heute Umweltschützer auf den Plan rufen würde. Die Autofahrten hoch zum Wald des Taubensuhl, der hoch genug liegt, um meinen durch einen chronischen Husten gebeutelten Bronchien wieder zum Durchatmen zu verhelfen.

Ich erinnere mich auch gut an die Nachmittagsbesuche mit Mama bei ihrer Freundin, die auch zwei Mädchen in meinem Alter hatte und nur dort konnte ich mich austoben, da wir in einem Mietshaus wohnten, wo das Schild „Betreten des Rasens" schon von weitem zu erkennen war. Schrecklich waren diese Jahre dort und die Ängste vor den „alten Hexen" im Haus, die mir immer drohten, sie würden mir mit der Schere die Ohren abschneiden.

Ganz unvergessen ist mir die Kindheit mit meiner Oma mütterlicherseits, bei der ich oft übernachten durfte, von der ich ein Stückchen Anpflanzbeet in ihrem Garten bekam und die mich ab und zu mit in den Urlaub in die Schweiz nahm. Meine Liebe zu ihr war innig. Doch sie wurde mir im Alter von 16 Jahren jäh genommen, nachdem sie auf der Heimreise von Italien einen Verkehrsunfall erlitten hatte. Heute noch erinnere ich mich genau an ihre Wohnung, an den gruseligen Keller (ehemaliger Bunkerkeller), die Fernsehabende mit selbst hergestelltem Eierlikör, die dicken Daunendecken, in denen ich restlos versank, die nach Lavendel duftende Wäsche im Schrank und das Erlernen des Bügeln von Hemden. Eine wunderschöne, viel zu kurze Zeit!

Mein Vater arbeitete zu Beginn meiner Kleinkindjahre im Schichtdienst und ging nebenbei auf die Meisterschule. Daher bin ich trotz der französischen Herkunft meines Vaters nicht zweisprachig aufgewachsen, denn zum einen sah ich ihn wenig, zum anderen sprach meine Mutter kein Französisch und es war wichtig für ihn, die deutsche Sprache einwandfrei zu erlernen. Im zarten Alter zwischen 12 bis 14 Jahren weigerte ich mich permanent, da ich mit mir beschäftigt war und mich vor ihm schämte. Also lieber Papa, ich bin nicht schuld daran, dass ich kein Französisch spreche, die Lebensumstände gaben uns keine Möglichkeit.

Mein Bruder Patric kam im August 1971 auf die Welt. Das Wort Eifersucht zog in mein Leben ein, denn bis dato war ich die Nummer Eins. Zuerst schreiend und die Hälfte meines Zimmers in Anspruch nehmend, worauf später der übliche Geschwisterkampf um Spielsachen folgte. Ich hatte immer das Gefühl, er bekäme mehr Aufmerksamkeit als ich. Wir sind grundverschieden, aber haben uns immer wieder berappelt in den vergangenen Jahren und mögen uns doch, auch wenn wir es bis heute mit dem anderen immer besser meinen. Das Geschwister sein hat uns letztendlich zusammenwachsen lassen, wir akzeptieren uns, und unsere Kinder wachsen zusammen auf.

Meine Jugend war rebellisch, da ich viele Dinge erst spät oder gar nicht machen durfte. Die Jugend ist rebellisch, heute wie damals. Es ist gut so, wie es ist, man muss erst als Heranwachsender seinen Weg finden. Ich war ein sensibles Kind und diese Sensibilität habe ich bis heute nicht ablegen können. Auch wenn ich diese Fassade hinter Frohsinn, Humor und Lachen verstecke. Die Erziehung meiner Eltern war geprägt von Anstand, Respekt und Benehmen. Wir Kinder gehorchten fast bedingungslos und begegneten unseren Mitmenschen dementsprechend. Diese Meinungsfreiheit und kameradschaftliche Erziehung, die unsere Kinder heute fast alle kennen, gab es zu unserer Zeit wenig. Die „besseren" Menschen sind wir auch nicht geworden. Aber wir hatten doch mehr Freiheit in der kindlichen Entwicklung und eine unbeschwerte Kindheit mit erfolgreichen Aussichten für eine Schul- und Berufswahl. In den meisten Fällen.

Zurück zu meiner Jugend. Wie peinlich war es, als mein Papa mich sonntags direkt vor der Tanzschule abholte, anstatt um die Ecke zu parken. Meiner Tochter werde ich dies im nächsten Jahr nicht antun, denn diese Schmach steckt mir heute noch in den Knochen! Schminken war ein Thema für meine Mama bzw. überhaupt kein Thema für sie. Also schminkten meine Freundinnen und ich uns heimlich in der Schülertoilette und die Diskussion ging dann erst nach der Schule los. Auch die gut gemeinten Pausenbrote mit Butter unter der Wurst konnte ich meiner Mutter nicht abgewöhnen. Mit den selbst gewählten Freunden konnte ich bei meinen Eltern nicht punkten, heute immer noch nicht. Hier stellt sich die Frage, ob ich entweder unter Geschmacksverirrung leide oder meine Eltern intolerant sind. Meine Eltern wollten eben immer „das Beste" für mich. Wir werden diese Frage nie lösen zur Zufriedenheit des einen, der beiden oder für mich. Also liebe Eltern, lasst uns keine Zeit mit unnötiger Eigensinnigkeit verschwenden!

Noch heute bin ich ihr „KIND". Habt ihr denn nicht gemerkt, dass ich 45 Jahre alt bin, selbstständig, selbstbewusst, eigenverantwortlich, zwei tolle, gut erzogene Kinder habe, mit Geld umgehen kann, erfolgreich im Beruf war, ein Buch geschrieben habe, intelligent, bei vielen beliebt, hilfsbereit, streitsüchtig in Maßen, einen guten Geschmack (außer bei Männern) habe, belesen bin, die Welt bereist habe und so vieles mehr?

All dies, liebe Mama und Papa habe ich von euch vererbt und mit auf den Lebensweg bekommen. Ihr habt doch etwas Tolles aus mir gemacht, voller Liebe, Entbehrungen und Einsatz.

„Ich bin nicht krank!?“

Wie oft muss ich mir anhören: „Ach, ich habe gehört, sie sind krank?“ oder „Bist du wieder krank wegen der MS?“ oder „Du musst unbedingt kürzer treten, du weißt doch, dass du krank bist!“ oder „Sie sind erkrankt an MS, nicht wahr, da sitzt man irgendwann im Rollstuhl?“

Sarkastisch würde ich so gerne mal antworten: „Krank nicht, aber ich fühle mich etwas unpässlich! Manchmal, aber immer öfters.“

Brennend hat es mich interessiert, was die Google-Maschine mir bei der Eingabe von Gesundheit und Krankheit ausspucken wird. Hier ein paar Auszüge, über die ich mir den Kopf zerbreche:

Gesundheit

Krankheit definiert sich oft im Gegensatz zu Gesundheit. Diese wird meist als idealer Zustand optimalen Wohlbefindens dargestellt und somit wäre eine mögliche Ursache einer Krankheit eine mangelnde Gesundheit. Die Übergänge zwischen Gesundheit und Krankheit sind fließend je nach Sichtweise der Betroffenen.

Die normale Funktion des Menschen, die Gesundheit, ergibt sich durch die Regelmäßigkeit der Lebensvorgänge. Aber auch hier variieren die Beurteilungen jedes einzelnen Menschen.
(Wikipedia: d*e.wikipedia.org/wiki/**Gesundheit**) 20.11.10*

Gesundheit ist laut WHO „ein Zustand des vollständigen körperlichen, geistigen und sozialen Wohlergehens und nicht nur das Fehlen von Krankheit oder Gebrechen.“

Hurrelmann (Gesundheitswissenschaftler) definiert Gesundheit als: „ Zustand des objektiven und subjektiven Befindens einer Person, der gegeben ist, wenn diese Person sich in den physischen, psychischen und sozialen Bereichen ihrer Entwicklung im Einklang mit den eigenen Möglichkeiten und Zielvorstellungen und den jeweils gegebenen äußeren Lebensbedingungen befindet.“

Bundesministerium für Bildung, Wissenschaft, Forschung: „Gesundheit wird als mehrdimensionales Phänomen verstanden und reicht über den „Zustand der Abwesenheit von Krankheit" hinaus." (Wikipedia:de.wikipedia.org/wiki/Gesundheit)

Krankheit

Als deren Funktionsstörung kann Krankheit verschiedene Bereiche lebendigen Seins betreffen und sich in Wechselwirkungen entwickeln. Die Zuordnung von konkreten Erkrankungen zu definierten spezifischen Krankheitsidentitäten gilt als wichtig im Zusammenhang therapeutischer Bemühungen und administrativer und ökonomischer Rahmenbedingungen. Eine genauere Einteilung erlaubt die Internationale Klassifikation der Krankheiten (ICD-10) Eine an den bekannten oder vermuteten Ursachen orientierte Einteilung ist die in:

Erbkrankheiten, Infektionskrankheiten, Unfälle, Vergiftungen, Degenerative Erkrankungen, Autoimmunkrankheiten, Tumore, Iatrogene Erkrankungen, Psychische Erkrankungen und Soziale Krankheiten.

(Wikipedia: *de.wikipedia.org/wiki/**Krankheit**) 20.11.10*

Seit Jahrhunderten ist die Medizin bestrebt, den allgemeinen Begriff Krankheit eindeutig zu definieren und abzugrenzen. Dabei hat sie sich mit verschiedenartigen Krankheitsbildern und konkreten Erkrankungen auseinander zu setzen. Hat ein Mensch das Gefühl, „krank" zu sein, oder ist bei jemandem eine Krankheit bereits erkannt worden, spricht man in der Medizin von einem Patienten. Krankheit und Gesundheit sind „dynamische Prozesse". Der Körper ist ein komplexes Zusammenspiel aus Organen, Muskeln, Blutgefäßen und mehr. Durch die tägliche Nutzung und Umwelteinflüsse, aber auch durch erbliche Vorbelastung können Funktionen des Körpers gestört werden. Dies wird im Allgemeinen als Krankheit angesehen. (Wikipedia)

Eine Krankheit ist eine Störung der körperlichen, kognitiven, sozialen und/oder seelischen Funktionen, die die Leistungsfähigkeit oder das Wohlbefinden eines Lebewesens subjektiv oder intersubjektiv deutlich wahrnehmbar negativ beeinflusst oder eine solche Beeinflussung erwarten lässt. In diesem Umschreibungsversuch sind drei Ebenen angedeutet, die beim Menschen mit „Krankheit“ bzw. „Kranksein“ verbunden sind: der mehr oder weniger objektive, beobachtbare Tatbestand, das subjektive Befinden und das daraus folgende oder erwartete soziale Verhalten, das Krankheitsverhalten.

Auf der Buchmesse lernte ich den Autor Frank Albrecht kennen, der in seiner Infosammlung die Erkenntnisse von Louise L. Hay zitiert, die ich ihnen nicht vorenthalten möchte. Louise L. Hay ist der Meinung, dass wir unsere Krankheiten durch eigene falsche Gedankenmuster auslösen. Herr Albrecht (Bücher: „Es geht nur um Energie“ und „Schmerz-Gedanken Lexikon“) hat erkannt, dass die Gedanken des einen Menschen die Krankheiten des anderen Menschen auslösen. Zusammengefasst bedeutet das:

1. Andere Menschen schwächen unser Immunsystem.
2. Unser geschwächtes Immunsystem kann angreifende Organismen nicht bekämpfen.
3. Die Organismen lösen die Krankheiten aus.

Diese Erkenntnisse regen in meinen Augen zum Nachdenken an! Letztere Erkenntnisse kann ich bestätigen.

Für mich bedeutet Gesundheit ein Leben bei optimalem organischen und psychischen Wohlbefinden, volle Beweglichkeit, Teilhabe am Leben wie Sport und sonstige Freizeitaktivitäten, uneingeschränkte Sinneswahrnehmungen, Teilhabe an der Berufswelt, Lebensqualität und wenigstens vage Zukunftsplanungen. Kein Erwachen am Morgen mit Taubheitsgefühlen oder Sensibilitätsstörungen, einen vollen Geschmackssinn, um Speisen abzuschmecken oder überhaupt das Gericht zu erraten (zum Glück kann ich es sehen!), Erholung nach Schlaf und Ferien und nicht die ständige Erschöpfung (Fatigue), nur leichte seelische Verstimmungen und keine Depressionen, kein kaputtes Geschirr, Saunabesuche, sondern es bedeutet auch gehen soweit die Füße tragen, tanzen, springen und mit den Kindern Karussell fahren oder mit meinem Sohn

Fußball spielen und mit meiner Tochter unbegrenzt shoppen gehen.

Selbstverständlich können nicht alle Eltern Karussell fahren und Fußball spielen, aber dies überhaupt nicht tun zu können oder nur begrenzt, ist ein riesiger Unterschied. Mich trifft es oft bis ins Mark, wenn meine Kinder sagen: „Andere Mütter gehen doch auch arbeiten!“ oder „Die anderen müssen doch auch mittags nicht schlafen.“ Da komme ich mir sofort schuldig vor, keine gute Mutter zu sein. Nun könnte ich all die Dinge aufzählen, die andere Eltern gar nicht erst für ihre Kids tun würden und ich könnte die vielen Dinge erwähnen, die ich für meine Kinder mache. Dies wäre nicht fair und entspricht nicht meinen Vorstellungen. So lange ich viel für meine Zwei machen kann, werde ich dies tun und zwar mit Liebe und bestem Gewissen. Alles bedeuten sie mir und es ist eine Selbstverständlichkeit ohne etwas dafür zu verlangen oder ewige Dankbarkeit zu erwarten.

Ich kenne nur wenige Menschen, die in unserer heutigen Gesellschaft und Kultur in einem idealen Zustand des optimalen Wohlbefindens leben. In Zeiten der Fruchtsäfte mit künstlichen Farbstoffen, der Fertiggerichte und des Fastfood ist dies zweifelhaft. Diabetes und psychische Erkrankungen sind auf dem Vormarsch, die Vereinsamung der Menschen nimmt zu und in jedem Kinderzimmer steht ein PC. In zahllosen Stunden im Internet und bei PC-Spielen tauchen unsere Kinder in eine Welt ab, in der sie ihre Zeit oft alleine und ohne Freunde verbringen.

In unserer Gesellschaft ist es leider üblich, dass nur berufstätige Mütter akzeptiert werden und dass sich das ganze Leben nach materiellem Konsum ausrichtet. Dass beispielsweise in den Geschäften die Regale voller unnützer Lebensmittel wie Erdbeeren im Winter stehen, dass die Freizeitaktivitäten der Kinder durchorganisiert sind, Alleingänge und kein Miteinander stattfinden, Plastikspielzeug die Kinderzimmer bevölkert, Elektronik für alle Lebenslagen existiert, und schon die Kleinsten unter Bewegungsmangel leiden.

Mein Sohn erzählte mir ganz fassungslos vor ein paar Wochen: „Stell dir vor, ein Junge in meiner Klasse war noch nie im Wald spazieren!“ So etwas kann ich mir überhaupt gar nicht vorstellen.

Dieser Zustand, wenn ich über die gegoogelte Passage „Gesundheit“ lese und vergleiche, ist doch wohl kein Idealzustand von optimalem Wohlbefinden in unserer heutigen Gesellschaft??!

Eingestehen muss ich mir nun doch, dass ich krank bin. Meine Leistungsfähigkeit und mein Wohlbefinden sind in der körperlichen, kognitiven, sozialen und seelischen Funktion gestört. Ich bin negativ beeinflusst durch die Krankheit Multiple Sklerose, aber von diesem Satz geht viel negative Energie aus. Denn eigentlich begrenze ich die Zeiten am PC, auch die der Kinder, achte auf unsere Ernährung, sorge für Bewegung in der Natur, pflege soziale Kontakte, trinke statt Coca-Cola nur Wasser und besitze nur ein Handy. Oder bin ich doch nur der eingebildete Patient, den ich vor der Diagnosestellung suggeriert bekam? (siehe erstes Buch)

Und doch bin ich krank, denn die Gesundheit hat sich vor langer Zeit still und leise verabschiedet. Das optimale Wohlbefinden ist ein Wunschdenken, das in meinem Leben keinen Platz mehr hat. Aber seinen Illusionen nachhängen und so weitermachen wie vor der Diagnose, wäre Betrug in eigener Sache.

Zufrieden, sie haben richtig gehört, lehne ich mich zurück, lächle über mein lebenswertes Leben, über meinen Fensterputzer, die Zeiten morgens mit einer Freundin beim Frühstück, die schönen Kurzreisen nach Wien und ins Kloster Münsterschwarzach, über den Rehasport, den ich nach Lust und Laune machen kann, und darüber, einfach Dinge zu tun, die mir gut tun und mir Kraft und Freude schenken.

Positiv zu denken ist das Wichtigste für mich, mit Menschen beim Einkaufen oder auf der Straße ins Gespräch zu kommen, die neue Schule meines Sohnes im Elternbeirat zu unterstützen, anderen zuzuhören, immer für meine Kinder da zu sein, im Hier und Jetzt angekommen zu sein. Und das „Loslassen, was dir die Ruhe nimmt“, da bin ich auf dem besten Weg. Viel bewusster lese ich Artikel über Menschen mit Beeinträchtigungen und mittellose Menschen. Wie sehr ich vom Leben belohnt wurde!

Unwichtig sind Tratschgespräche oder Streitigkeiten, ungerechte Behandlungen vom Vater meiner Kinder, Menschen, die meine Energie absorbieren, Vorschriften, wie ich mein Leben führen sollte und Berichte, was richtig und falsch ist. Ich weise solche negative Energie von mir und vertraue auf den Schutz unseres Herrgottes.

Im Internet bin ich auf folgende Zeilen gestoßen:

Wandere
der Sonne
entgegen
und du lässt
den Schatten
hinter dir.

Es geht mir gut! Ich bin heute unpässlich und morgen vielleicht etwas mehr oder auch weniger, aber immer öfters auch nicht! Die Sonne geht jeden Morgen wieder am Horizont auf und vielleicht wird es ein guter Tag.

Gegen die MS kann man nicht kämpfen!

Es hat mich unendliche Kraft und Energie gekostet, gegen meine Krankheit anzukämpfen. Wie sinnlos und verloren diese Zeit, die letzten Jahre und Monate waren.

Heute mache ich nur noch das, was mir gut tut und was ich noch kann. Es ist noch enorm viel, manch Gesunder wäre froh, dies alles noch tun zu „können".

Aber zuerst musste einfach die Zeit der Akzeptanz an einer unheilbaren Krankheit mit den 1000 Gesichtern durchlebt werden, dann der Versuch des hoffnungslosen Kampfes, um zu dem jetzigen Stadium zu gelangen. Ich habe das Ziel erreicht und bin zufrieden, manchmal auch glücklich.

Nur wenige in meiner Familie und Freunde verstehen, dass ich trotz der MS eine Zufriedenheit und Gelassenheit erreicht habe. Irgendwann stellte ich mich selber vor die Alternative: Entweder zerbrichst du an der MS oder du gehst mit neuen Ideen, Kraft und Lebenseinstellungen hervor. Das Zweite erschien mir doch der angenehmere und richtigere Weg!

Durch die Literatur über Lebenserfahrungen, Glaube und Esoterik kam ich zu einem inneren Frieden und dem Ende eines Kampfes, der nur Frust und Kraftlosigkeit bedeutete.

Das Beenden der partnerschaftlichen Beziehung mit einem manisch-depressiven Menschen war eine große Befreiung. Auch der Aufenthalt im Kloster Münsterschwarzach brachte mich ein ganzes Stück weiter auf meinem Weg zu mir selbst. Ich bin sehnsüchtig nach diesem Ort der Ruhe und des Friedens, ein Ort der Stille und des Gebets. Das Gespräch mit Pater Anselm Grün hat den Schalter in meinem Kopf so umgeleitet, dass ich wusste, endlich den richtigen Weg zu finden.

Noch befinde ich mich auf der Suche, strauchle ab und zu, aber es ist ein Erfolg für mich, die Richtung zu wissen. Wir alle lernen unser ganzes Leben lang, durchleben Veränderungen und wachsen an neuen Impulsen. Ab und zu innezuhalten, fällt dem Menschen schwer, da die Hektik der Zeit und der Gesellschaft einen mitreißt. Umso wichtiger die Zeit des Innehaltens und die Frage nach seinem eigenen Weg. Leichter gesagt als getan. Auch die Lebensumstände sind nicht für alle die besten. Und nur das Gottvertrauen und die Liebe zum Göttlichen laut Dr. Murphy helfen einem Hartz-IV-Empfänger auch nicht weiter. Aber irgendwo dazwischen gibt es für jeden eine Nische des Friedens, der Ruhe oder des Pausierens, die man ohne materielle Werte erreichen kann.

Das Erfolgsbuch von Dr. Murphy oder Bücher und Gedanken von Pater A. Grün geben mir immer wieder Impulse zum Nachdenken und stärken meinen Glauben an Gott. Ich weiß, dass er über mich seine schützende Hand hält, egal was ich tue, er urteilt nicht. Er ist der Einzige, der mich so nimmt, wie ich bin. Und dies gibt mir Frieden. Spricht mich frei von den Zwängen, die mir ansonsten auferlegt werden.

Die Grenzen meines Körpers zu akzeptieren, bereitet mir weniger Probleme, aber meine Mitmenschen können nicht mithalten. Oft sind sie von meiner ‚Eingeschränktheit' enttäuscht, wenn ich wieder einmal absage oder einen Abend als Erste und in ihren Augen viel zu früh verlasse. Das Wort Fatigue ist für sie ein Fremdwort, für mich sind es Tatsachen, die schnell meine Beine erlahmen und meinen Verstand und Gedanken zum Einschlafen überreden. Das Autofahren wird zur Herausforderung und kann zur Falle werden. Ich ziehe den Hut vor mir und erreiche von allen Anwesenden als erste das Himmelbett für meinen Schönheitsschlaf.

Ich bin von mir nicht mehr enttäuscht wie früher, sondern stolz darüber zu mir und diesen Einschränkungen, die mir die MS jeden Tag auferlegt, zu stehen. Ich engagiere mich sehr in der neuen Schule meines Sohnes, weil es mir Spaß macht und mein Selbstbewusstsein stärkt. Heute noch nehme ich mir Zeit, E-Mails von Lesern zu beantworten und Telefonate mit gleichfalls Betroffenen zu führen. Auch die „Buchpflege“ bedeutet immer noch Arbeit am PC. Die Kinder fordern mich jeden Tag aufs Neue, was mich bereichert. Denn sie helfen mir in dunklen Stunden der Depression weiterzugehen. Nicht aufzugeben. Den ungewissen, aber für mich richtigen Weg wieder einzuschlagen.

Den Weg zu mir, meinem Glauben und den Umgang mit der MS ohne Kampf. Ich bin Meister in Verwirklichung von eigenen Träumen und Wünschen, im Managen von Lebenskrisen und dem richtigen Umgang mit Make-up. Das muss mir erstmal jemand nachmachen! ;-)

Originaltext von Lilly Sulzbacher, Juli 2005:
„Gestatten, mein Name ist MS.“ © Lilly Sulzbacher

Ich habe meine eigene Geschichte daraus gemacht!

Mein Name ist MS

Hallo! Heute möchte ich mich vorstellen, denen, die mich nur vom Hören und Sagen kennen.

Ich bin die MS, eine Abkürzung für Multiple Sklerose. Eine chronische Erkrankung des Zentralnervensystems, die meist in Schüben verläuft. Wenn ich gemein bin, dann schleiche ich mich durch das Leben des Betroffenen. Ich bin fies und unberechenbar. Stolz bin ich auf meinen lateinischen Namen: Encephalomyelitis disseminata. Auch nennt man mich die Krankheit mit den 1000 Gesichtern. Sie sehen, ich quäle gerne meine Erkrankten nicht mit liebevollen Tagen, sondern ich schlage gerne unerwartet zu. Das Piesacken liegt mir am Herzen.

Stolz bin ich, dass gegen mich noch kein Kraut gewachsen ist. Auch weiß man nicht, woher ich komme. Sollen sich doch die Herren der Wissenschaft die Köpfe zerbrechen, umso mehr koste ich meine Situation aus. Ich komme aus einem Land der tausend Möglichkeiten. Mal plage ich mit Stolperfallen, verschleiere den Blick und lege den Sehnerv lahm, verursache trübe Gedanken und Depressionen, lasse Beine und Arme erlahmen, um Ameisen durchzujagen, versalze die Suppen durch Verminderung der Geschmacksknospen, lulle den Tag in Kraftlosigkeit und Schläfrigkeit ein, bringe Gliedmaßen zum Erschlaffen oder Erzittern, lasse danebengreifen oder die Gegenstände zu Boden fallen, der Harnblase beschere ich ein Eigenleben und damit manch peinliche Situation und das Liebesleben versuche ich zur Strecke zu bringen. Heimtückisch bin ich auch in Sachen Schmerzen und schlage gerne dann zu, wenn der Betroffene sich etwas vornimmt. Ich bin voller Pläne, doch der Erkrankte kann sein Leben kaum planen. Die Zukunft ist ungewiss, auch die wenigen Medikamente, die gegen mich eingesetzt werden. Nicht genug die vielfältigen Unzulänglichkeiten des planlosen Lebens, ich quäle mit Spritzen oder Infusionen. Ich binde jeden an einen bestimmten Rhythmus, beeinflusse Urlaube und das abendliche Ausgehen.

Hinterhältig schlage ich schubweise zu, verstärke bestehende Schäden oder füge neue hinzu. Ich greife die Myelinschicht an, bringe die Kabellandschaft durcheinander und kappe die Informationsflut. Viele, also multiple Stellen im Gehirn und Rückenmark greife ich an, verursache dort Entzündungsherde, die zu Vernarbungen bzw. Sklerosen führen. Für Wochen führe ich Leid zu und nehme jede Hoffnung. Dem Ganzen setze ich mit der Notwendigkeit eines Kortisoncocktails die Krone auf, der mit Nebenwirkungen nur so um sich schlägt. Normalität ist erstmal nicht angesagt.

Noch schlimmer kann ich hinterhältig sticheln, nur so, dass es der Betroffene kaum merkt, aber sich die Beschwerden in sein Leben kontinuierlich einschleichen. Er fühlt sich im Laufe der Zeit immer schlechter. Und dann gibt es Menschen, denen statte ich nur ab und zu einen Besuch ab und verschone sie lange Zeit ohne meine fiesen Anwandlungen.

Mein zerstörerisches Werk hat viele Ursachen, doch lasse ich die Wissenschaftler noch im Unklaren. Sie diskutieren, dass körpereigene Stoffe im Körper als fremd angesehen werden und deshalb vom Abwehrsystem angegriffen werden, es entsteht eine Autoimmunreaktion. Also mit dieser Entdeckung landeten sie einen Volltreffer. Ich bin eine Autoimmunkrankheit. Doch ansonsten haben sie nur vage Vorstellungen, wie ich eventuell entstehen kann und diskutieren über klimatische Einflüsse, unterschiedliche geographische Verteilung, Zivilisationseinflüsse, z.B. Ernährung, Hygiene und industrielle Entwicklung, genetische Gegebenheiten, Virusinfektion im Kindesalter und Altersabhängigkeit. Ich werde sie noch einige

Zeit im Dunkeln lassen, denn die Industrie möchte ja auch an mir verdienen.

Bei meiner ganzen Aggressivität und Unberechenbarkeit verdamme ich aber doch wenige in den Rollstuhl. Und alt wird man mit mir genauso wie ohne mich. Anstecken kann man sich mit mir ebenso wenig, bin ich doch so etwas Besonderes!

Die Vererbung liegt mir auch nicht am Herzen. Ich liebe die Frauen, besonders jüngere und deswegen suche ich sie doppelt so häufig heim wie Männer. Seit jüngster Zeit ist bekannt, dass ich mich auch an Kinder und Jugendliche wage.

Die Hitze ist mir zuwider, deswegen bewege ich mich durch kühlere Zeitzonen und meide den heißen Süden. Denn sonst erwärmt sich mein Körper so rasch.

Die Ärzte ziehen mit Interferonen und seit neuestem auch mit Tysabri gegen mich in die Schlacht. Nur 30-35 % der ersten und ca. 60 % der zweiten Truppen können mich in Schach halten, der Rest der Armee zieht sich zurück und gibt kampflos auf. Im nächsten Jahr mobilisieren sie neue Armeen gegen mich, aber ich habe keine Angst, denn sie versprechen keine Elitetruppen zu werden.

Ich verändere den betroffenen Menschen oft in seiner Persönlichkeit und führe zu sozialen und menschlichen Verlusten. Auch zwinge ich ihn zum beruflichen Ausstieg oder verderbe seine Ausbildung.

Viele Gesichter habe ich als Krankheit mit 1000 Gesichtern - sie schmeicheln mir. Wer mit mir den Kampf aufnehmen will, nur zu. Wir werden sehen, wer siegt!??

Leicht und lässig durchs Leben gehen: „la Dolce Vita“

Wenn es dafür ein Rezept gäbe, würden es alle Menschen „nachkochen“. Doch eigentlich ist es nicht schwer, lässig und beflügelt durchs Leben zu gehen, wenn wir es nur wollten.

Zum Glück leben meine Kinder und ich nur in einer 3-Zimmer-Wohnung, da kann ich manches auf den nächsten oder übernächsten Tag verschieben. Und wenn es ganz schlimm kommt, wenn der Dämon in meinem Nacken sitzt, gibt es ja noch die Tage der kommenden Woche. Nur das Bad und die Küche, die Wäsche und einen voll bestückten Kühlschrank, das setze ich mir immer zum Ziel.

Für die Kunst des Lebens oder wie die Italiener sagen, „la Dolce Vita“, da haben wir Deutschen keinen ähnlich treffenden Ausdruck, kein Wort, das den Stress von uns abgleiten lässt, wenn wir es hören. Ja, uns Deutschen fehlt die Leichtigkeit, auch mal Fünfe gerade sein zu lassen. Perfekt und diszipliniert wie wir sind, muss der Alltag gut durchorganisiert sein. Auch der Schul- und Freizeitablauf unserer Kinder. Zum einen hat man zwar die Familie und den Beruf im Griff, aber andererseits kommt der Spaß zu kurz. Dabei liegt es doch an jedem Einzelnen von uns, beides unter einen Hut zu bekommen.

Ich liebe mein Dolce Vita, denn es hat mir mehr Leichtigkeit gebracht, die ich für anderes einsetzen kann. Meine Mutter bewundere ich sehr für ihre Lebenskraft und ihr Durchhaltevermögen im Haushalt. Sie putzt ihre Fenster in einem Haus selbst, ich hingegen bezahle einen Fensterputzer dreimal im Jahr für neun Fenster. Aber es tut so gut und schont meine schmerzgeplagten Hände.

Immer habe ich ein schlechtes Gewissen ihr gegenüber, denn sie hat mir ja ihr perfektes Arbeiten und Funktionieren vorgelebt.

Doch der Dämon ist oft übermächtig, dann schüttle ich ihn lässig ab und lebe wie die Italiener. Wenigstens, was den Haushalt angeht.

Bei mir kann man nicht vom Boden essen, aber bei meiner Mutter schon eher. Bildlich gesprochen! Auch mobilisiert sie oft ihre Restkräfte trotz schmerzendem Knie und bekocht uns sonntags, näht kleine Dinge, die ich nicht mehr machen kann, und backt einen Kuchen für die Kinder.

An dieser Stelle, liebe Mama, danke ich dir für die vielen Kleinigkeiten, die du lässig schulterst.

Hast du auch dein Dolce Vita?

Depression

Der Rückzug, die gewählte Isolation,
jetzt ist sie da, die Depression.
Ich spüre, wie sie nach mir greift,
und meinen Körper so versteift.

Alles ist Stein, kann nichts mehr spüren,
will mich nie mehr von der Stelle rühren.
Die Tränen laufen, ganz von allein,
wie schön wäre es doch, tot zu sein.

Der Tod als Erlösung, so fühlt es sich an,
sie hat meine Seele in ihrem Bann.
Der Tag, die Sonne, die Freude, das Licht,
alles in diesem Schmerz zerbricht.

Dieses Gedicht las ich vor einiger Zeit auf der Homepage der DGBS, der Verfasser ist unbekannt.

Es beschreibt auch meine Gefühlswelt, wenn ich psychisch ganz unten bin. Bevor ich mit diesem Kapitel zu schreiben begann, dachte ich über meine Depressionen in meinem bisherigen Leben nach. Bin ich oder ist überhaupt ein Mensch empfänglicher für depressive Verstimmungen als andere?

Manche Situationen oder Ereignisse führen bei mir oder anderen Menschen eher oder heftiger zu depressiven Reaktionen. Sicherlich ist es so, wenn es um eine reaktive Depression geht (empfänglicher im Sinne von Sensibilität der Nerven bzw. Aktivität bestimmter Hirnregionen) oder in der Erfassung und Projektion von Situationen.

Die erste Depression, die mit Medikamenten und Psychotherapie bei mir behandelt wurde, hatte ich im Alter von 21 Jahren erlitten. Nach etwa einem dreiviertel Jahr war der Spuk vorbei.

Keine Depression im eigentlichen Sinn, aber massive depressive Verstimmungen hatte ich nach meiner ersten Fehlgeburt bis zu einem dreiviertel Jahr. Heute bin ich der Überzeugung, dass es eine mittelschwere Depression war, die man dringend hätte behandeln müssen.

Unter der Interferon-Therapie (Medikament zur Behandlung der MS) bekam ich, nach etwa einem Jahr der Einnahme, eine mittelschwere Depression. Die Umstände, die damals mein Leben bestimmten, waren geprägt von der Alleinerziehung meiner Kinder, vom Verlust des Arbeitsplatzes, den MS-Schüben und der finanziellen Notlage bzw. meiner ungeklärten Finanzsituation.

Meine persönliche Zukunft lag im Spannungsverhältnis zwischen der Entwicklung der MS, den Nebenwirkungen des Betaferon (Spritzenmedikament) und den ständigen anwaltlichen Kämpfen um den Unterhalt der Kinder. Diese Situation nagte an meinen Nerven und zerriss mein ganzes Inneres. Ich kämpfte an allen Fronten und kam kaum einen Schritt weiter. Gerade, als ich die Rente genehmigt bekommen hatte und sich meine MS stabilisiert hatte, taten sich Probleme an anderer Stelle auf.

In dieser Zeit begann ich eine Psychotherapie, in der ich meine Ehe und die Krankheitsbewältigung aufarbeitete. Gleichzeitig nahm ich zwei Antidepressiva, um nachts ausreichend schlafen zu können und tagsüber zu funktionieren. Ich konsultierte zweieinhalb Jahre lang meine Psychotherapeutin, da ich noch eine weitere schwierige partnerschaftliche Beziehung eingegangen war. Erst in diesem Jahr beendete ich dieses Verhältnis.

In Folge dessen stürzte ich zu Beginn dieses Jahres in einen tiefen Abgrund, der mich erneut zur Therapie zwang und erst beim dritten Medikament stabilisierte sich meine Depression. Sehr knapp bin ich einer stationären Einweisung entgangen und auch die Hilfe meiner Eltern und Freunde schützten mich davor. Nach einigen Monaten fand ich auch wieder die Kraft, mit strammen Schritten an meinem Buch weiterzuschreiben, das ich bereits zu Beginn des Jahres begonnen hatte.

Das Gedicht zu Beginn dieses Kapitels beschreibt auch meine Gefühle. Man fühlt nichts in dieser Zeit, es ist einem völlig egal, was um einen herum passiert. Nur mit größter Mühe konnte ich den Alltag und das Leben mit den Kindern regeln. Morgens war schon das Aufstehen eine Qual, gerne wäre ich liegen geblieben, um auf den Abend zu warten. Der Wunsch zu sterben war groß. Wenn ich es dann mit enormem Kraftaufwand doch geschafft hatte aufzustehen, versorgte ich die Kinder und verbrachte den Morgen mit dem Kampf, mich von Stuhl zu Stuhl wieder aufzuraffen, um wenigstens das Minimum zu erledigen. Mittags ging es mir erst nach dem Mittagsschlaf besser und doch sehnte ich mich nach dem Abend. Ich zog mich von allem und jedem zurück und übte gar keinen Sport mehr aus. Kleine Ziele wie der Klosterbesuch in Münsterschwarzach und unseren Urlaub auf Mallorca konnten mich nur sehr kurze Zeit aus dem Nebel der trüben Gedanken entreißen. Ich hätte nicht gedacht, dass ich im Herbst nach Wien fliegen könnte, denn fünf Wochen vorher hatte ich erneut eine schwere depressive Episode. Am liebsten wäre ich in die Klinik gegangen, aber wohin mit meinen Kindern? Das dritte Antidepressivum griff dann endlich und ich musste einmal in der Woche einen Termin bei meiner Therapeutin wahrnehmen.

Es liegen nun zehn Monate Schwarz-Weiß-Stimmungen, lähmende Situationen und Bewältigungsarbeit hinter mir. Ich möchte es gar nicht wagen zu sagen, ich habe es geschafft. Doch habe ich mir einige kleine Ziele für die kommenden Monate gesetzt wie z. B. die Teilnahme an einer regionalen Buchmesse, eine friedliche Adventszeit, einen Klosterbesuch im Februar nächsten Jahres und das Wichtigste, die Fertigstellung meines Buches.

Keinen Tag möchte ich mehr zurück und die letzten vier Jahre einer partnerschaftlichen Beziehung nicht vergessen, da sie mich dahin brachten, wo ich Anfang des Jahres gelandet bin - nämlich an den Abgrund, denn einen Fuß hatte ich schon ins Bodenlose gesetzt. Deswegen darf ich nicht vergessen und lasse los, was mir die Ruhe nimmt (Zitat von Pater Anselm Grün)!

Allgemeines, von mir zusammengefasst, aus dem Heft „Wege aus dem Tief" der AMSEL und der DMSG (www.dmsg.de) zum Verständnis für Nichtbetroffene, die besser verstehen möchten:

Die unsichtbaren Symptome der MS stellen eine große Belastung für den Erkrankten dar, gekennzeichnet durch chronische Erschöpfung, mangelnde Aufmerksamkeit, seelische Tiefs oder Gedächtnisschwierigkeiten. Ein Gesunder kann dies kaum nachempfinden. Umso mehr gilt das Augenmerk der Aufklärung über Depressionen, die eine ernst zu nehmende, aber heilbare Krankheit darstellen.

Der MS-Patient bleibt oft mit seinen unsichtbaren Symptomen allein und zieht sich letztendlich zurück. Auch die Trauer über verlorengegangene Fähigkeiten und die Angst vor der ungewissen Zukunft spielen auf dem Weg in die Vereinsamung eine bedeutende Rolle. Darüber hinaus aber verursachen die durch MS entstandenen hirnorganischen Veränderungen den Erkrankten ernste Probleme. Depression gehört unmittelbar zu den Problemverursachern. Die Schwermut beeinträchtigt seelische und körperliche Funktionen. Die biologische Ursache von Depressionen besteht in einer Funktionsstörung bestimmter Botenstoffe im Gehirn.

Depressive Menschen ermüden schnell, sie haben Konzentrationsschwächen und Probleme, sich etwas zu merken. Ausdauer und Kraft lassen nach, Entscheidungen fallen sehr schwer und das Urteilsvermögen ist eingeschränkt. Pessimismus, Schwarz-Weiß-Denken, Hilf- und Hoffnungslosigkeit bestimmen das Leben des depressiven Menschen. Er zieht sich von seiner Familie und dem Freundeskreis zurück, zeigt keine Interessen mehr und das Leben erscheint ihm sinnlos und leer. Schlafstörungen sind oft die ersten Anzeichen ebenso wie andauernde Appetitlosigkeit. Rund 60 Prozent aller depressiven Menschen leiden darüber hinaus unter körperlichen Beschwerden und Schmerzen, vor allem Rücken- und Kopfschmerzen, Magenbeschwerden, Verdauungs- und Herzproblemen und sexuellem Desinteresse. Mindestens vier verschiedene definierte Symptome über mindestens zwei Wochen kennzeichnen eine Depression.

Die Ursachen der Depression sind vielfältig. Risikofaktoren sind beispielsweise: körperliche Erkrankungen (z.B. hirnorganische Erkrankungen, Tumore), Medikamente (z.B. Kortison, Interferone, Hormonpräparate...), chronische Krankheiten, Depression in der Familie, Pflegebedürftigkeit, chronische Überforderung und Dauerstress, wenige positive, aber viele negative Erfahrungen, starre oder wenig flexible Grundeinstellungen, überhöhte Ansprüche, verzerrte Gedankenwelt, Drogen und Alkohol.

Multiple Sklerose begünstigt in 50 Prozent der Fälle die Entstehung einer schweren Depression, nimmt man die weniger schweren Depressionen hinzu, steigt das Risiko auf erschreckende 70 Prozent.

Ein gesunder Mensch kann in der Regel seine Zukunft durch sein Handeln und sein körperliches Gesundsein beeinflussen. Ein an MS Erkrankter hat dagegen einen völlig unvorhersehbaren Verlauf seiner Zukunft. Wenn die Krankheit fortschreitet, neue Symptome auftreten oder bestehende sich verschlimmern und zusätzlich ein Arbeitsplatzverlust, Verrentung, Abwendung eines Partners oder der Freunde hinzukommen, verschärft sich die Situation. Diese einschneidenden Verluste führen häufig bei MS-Patienten zu reaktiven Depressionen. Organische Depressionen sind eine Folge von MS-Entzündungsherden im Gehirn. Auch unvermittelt auftretende Depressionen können durch Nebenwirkungen von Medikamenten z.B. Interferone oder Kortison auftreten.

Da die Depression bei MS nicht leicht zu diagnostizieren ist, da typische MS-Symptome wie Fatigue, Konzentrationsschwäche und körperliche Beschwerden auch bei einer Depression vorkommen, sollte man umgehend seinen Neurologen konsultieren. Unbedingt muss ärztliche Hilfe in Anspruch genommen werden, wenn zu den genannten Punkten noch Selbsttötungsgedanken, Arbeits- und Leistungsunfähigkeit im Beruf und/ oder Haushalt dazukommen.

Eine Depression kann heute gut behandelt und geheilt werden. Therapiemöglichkeiten sind Psychotherapie, kognitive Verhaltenstherapie und die interpersonelle Psychotherapie. Sie braucht Zeit und die aktive Mitarbeit des Patienten. Unterstützt wird sie durch spezielle Medikamente, die Antidepressiva, die heutzutage nicht mehr abhängig machen. Sie greifen in die Stoffwechselvorgänge des Gehirns ein und verbessern dadurch die Weiterleitung von Reizen. Moderne Antidepressiva machen nicht süchtig und schränken das Reaktionsvermögen nicht ein. Sie können über Monate oder Jahre eingenommen werden.

Die Heilung einer Depression kann jeder einzelne Patient aktiv unterstützen: im Rahmen seiner Möglichkeiten durch Bewegung und sportliche Aktivitäten, Spaziergänge an der Luft. Ein täglicher Stundenplan, den sie führen und befolgen, zeigt ihnen, was sie zu stark fordert und hilft ihnen, diese Belastungen gezielt zu vermeiden. Halten sie Kontakt zu ihren Mitmenschen, belohnen sie sich selbst für die kleinsten Erfolge, haben sie Geduld mit sich, ernähren sie sich ausgewogen und erproben sie verschiedene Entspannungstechniken.

Natürlich sind diese unterstützenden Maßnahmen in meinen Augen erst möglich, wenn man durch Medikamente und Psychotherapie die erste Stabilität erfährt oder noch rechtzeitig die ersten sich anbahnenden Symptome einer Depression erkennt. So erging es mir mit meiner jetzigen Depression, zuerst erhielt ich Medikamente und begann eine Psychotherapie, um mir überhaupt selbst wieder etwas zuzutrauen, und dann hangelte ich mich mit viel Selbstliebe und Geduld aus dem seelischen Tief. Denn wenn ein Mensch am Abgrund steht, will er sich nicht bewegen oder achtet gar nicht auf seine Mitmenschen oder Ernährung. Es ist ihm schlichtweg egal, besser gesagt, er hat gar keine Kraft dazu!

Ich würde mir für mich und meine Leidensgenossen wünschen, dass man über Depressionen transparenter und öffentlicher sprechen würde. Sie sollten endlich salonfähig werden in unserer Gesellschaft.

Ist es nicht erschreckend, dass schon Kinder an Depressionen erkranken und wir verschließen immer noch die Augen?

Brunnen

Gestern gab der Rosengrund nach
und ich stürzte zu den pechschwarzen Astern
das Fallen war abschiedsschmerzhaft
doch vom Brunnenrand sprachen weise Frauen zu mir
sie riefen, ich müsse den Seitenausgang finden
es werde bald Winter.

Birgit Heid

Kurs mit Pater Anselm Grün: „Du bist ein Segen!“

An einem Wochenende im Juni war es endlich soweit, mein lang ersehnter Wunsch ging in Erfüllung: ein Seminar bei Pater Anselm Grün im Kloster Münsterschwarzach.

Genau zum richtigen Zeitpunkt in meinem Leben. Denn ich war angekommen an einem Punkt, an dem ich erkannte, etwas ändern zu müssen. Ich war ausgelaugt vom Alltag, von den Sorgen bezüglich des monatelangen Streites um den Kindesunterhalt und von der Unfähigkeit, mir Annehmlichkeiten und Wohltaten zu gönnen. Nur die zahlreichen E-Mails und Gespräche von Leserinnen und Lesern meines ersten Buches sowie meine Familie, Kinder und Freunde ließen mich diese Zeit überstehen.

Während der Vorbereitung auf den Klosteraufenthalt war nicht die Lebensplanung gefragt, die in meinen Augen immer noch unplanbar ist, sondern es waren die drei Tage gut zu organisieren. Meine Kinder fuhren schon zwei Tage vorher in ihre geplante Freizeit und ich konnte mich mental und mit Ausschlafen auf „meine“ Reise vorbereiten.

Da vom Kurs niemand in der Nähe wohnte und die Zugfahrt aufgrund der umständlichen Verbindungen zu einer zeitaufwändigen Reise geworden wäre, fuhr ich alleine mit meinem schwarzen Flitzer freitags am späten Morgen Richtung Würzburg. Da mir schon nach knapp hundert Kilometer bei Heilbronn die Augen zufielen, machte ich eine Kaffeepause und noch zwei weitere Verschnaufpausen. Früher ohne MS undenkbar bei 220 km, die hätte ich locker auf einer Backe abgesessen!

Müde und gespannt auf das Bevorstehende kam ich in Münsterschwarzach an. Der erste Blick auf das Städtchen mit dem großen Kloster war herrlich, überwältigend die Gegend und der Eindruck von Ruhe. Da ich unter den ersten Teilnehmern zum Einchecken war, konnte ich mir ein schönes ruhiges Zimmer aussuchen. Dann machte ich mich auf den Weg, „anzukommen“ und mein bisheriges Leben für drei Tage hinter mir zu lassen.

Mit meiner Kamera zog ich ein wenig in die nähere Umgebung, erzielte tolle Fotos und entspannte mich gemütlich bei einem Eiskaffee mit Blick auf die Klosterkirche. Abends nach der Messe und dem gemeinsamen Abendessen begrüßte uns Pater Anselm Grün im Seminarraum. Welch unbeschreiblicher Augenblick! Nicht in Worte zu fassen, welche Aura diesen Menschen umgibt, wie viel Ruhe und Frieden in mich geströmt sind.

Zu einer gleichaltrigen Frau aus dem Kurs fand ich gleich einen angenehmen Kontakt, wir waren uns auf Anhieb sympathisch und so verbrachten wir die drei Tage in der Freizeit miteinander. Nach einem Besuch im gemütlichen Biergarten bei lauen Sommertemperaturen schlief ich selig ein, nur mit Unterbrechung des Glockengeläuts um 5.00 Uhr und 6.15 Uhr zum Gebet für die Mönche und „Freiwilligen“.

Am Samstag ging das Seminar im Gruppenraum weiter. Pater Anselm berichtete aus seinem Leben und von Begegnungen mit anderen Menschen. Er sprach folgende Sätze und Worte zu uns:
Der Mensch kann nur nehmen, wenn er auch geben kann…
Der Benachteiligte wird oft kämpferisch, aber der Bevorzugte scheitert auch oft, da er in der Welt nicht immer bevorzugt wird…

In meiner Begrenztheit und mit Demut kann ich sagen, ich bin ein Segen für andere…Loslassen, was nicht gut tut! ...
Das Segnen wird durch das Kreuzzeichen ausgesprochen…
Fluchworte nicht an die Kinder weitergeben wie z.B. morgens vor der Schule: „Beeil dich, trödle nicht immer, ...“

Die Kinder können dann nicht aufgehen in ihrem Wesen, nicht erblühen. Sie erhalten Schutz von uns, wenn wir sie in den Arm nehmen und einen Segen aussprechen…

Wenn sich jemand nicht annehmen kann, projiziert er es auf einen anderen, er ist aber dadurch zerrissen. Er ist nicht eins mit sich. Konflikte haben eine Macht, die einen verunsichern und ein schlechtes Gewissen machen. Diese Konflikte darf man nicht weiterführen. Durch das Segnen kann man sich vom anderen distanzieren. Der innere Segen bedeutet, dass der andere in Frieden mit sich kommen soll. Aber man darf sich nicht über ihn stellen, sondern neben ihn...

Vergebung bedeutet eine Befreiung von negativer Energie, d.h. was mein Gegenüber mir antut im negativen Sinn. Ich lasse es beim anderen, denn wenn ich nicht vergebe, bin ich noch gebundener an ihn.

Es fanden auch Gruppenarbeiten statt, und der Abend endete mit einer gemeinsamen Eucharistiefeier. Zwischendurch konnte ich ein kurzes Einzelgespräch mit dem Pater führen, das mir sicher noch sehr lange in Erinnerung bleiben wird.

An diesem Abend fanden Andrea und ich nach unserem Spaziergang keinen Platz im Biergarten. So kauften wir uns in der Klosterküche ein Altbier, wohlgemerkt das erste in meinem Leben, und suchten uns ein nettes Plätzchen im Klostergarten. Wie in Teenagerzeiten lachten und redeten wir über Gott und die Welt. Leicht beschwipst fiel ich müde ins Bett und habe keine Kirchenglocken in dieser Nacht gehört.

Am Sonntag nach der Messe, die wir mit den Mönchen im Chor direkt feierten (ansonsten besuchten viele noch um 12.00 Uhr und 18.00 Uhr die Andachten) fand eine zweistündige Abschlussrunde im Seminarraum statt. Pater Anselm sprach Segenswünsche aus, ein Gebärdentanz ließ uns die Erlebnisse verinnerlichen, und Pater Anselm erläuterte die Segenstage im täglichen Leben und Stationen im Jahreskreis. Das Fest Heilige Dreikönige heißt, dass Christus das Haus segnen möge. Am 3. Februar erhält der Gläubige in der Kirche den Blasiussegen, ein Segen für den Erhalt der Gesundheit. Das Aschekreuz am Aschermittwoch bedeutet, wir stellen uns unserer Wahrheit, wir werden gereinigt. Am 15. August werden die Kräuter, die Gläubige mit in die Kirche bringen, gesegnet. Es symbolisiert die Erneuerung des Lebens.

Pater Anselm erläuterte uns das Segnen. Wer am Ende wollte, konnte den Kursteilnehmer segnen, der ihm in den zwei Tagen näher gekommen war. Segnen bedeutet, die Angst ausschalten, eine Entlastung für den Menschen und man kann aktive positive Energie senden. Wie weiter oben erwähnt, haben Konflikte Macht, man wird unsicher und hat ein schlechtes Gewissen. Aber diesen Konflikt darf man nicht weiterlaufen lassen. Durch das Segnen kann man sich vom anderen distanzieren. Durch Hand auflegen oder das Kreuzzeichen spreche ich im Stillen den Segen über einen Menschen. Auch die Sehnsucht nach Geborgenheit, nach einem Zeichen der Liebe Gottes und die Hoffnung auf seinen Schutz drücken sich in dem Wunsch nach einem Segen aus.

Viel zu schnell näherte sich nun das Ende nach einem letzten gemeinsamen Mittagessen und es hieß Kofferpacken und Abschiednehmen. Nicht nur von dieser friedlichen Welt, sondern von netten Menschen.

Ich ging am Ende alleine nochmals mit meinem Gepäck den Weg, den ich am Freitag genommen hatte vom Zimmer durch die Gänge des Klosters, an der Kirche vorbei und durch die Klosterpforte in die Welt hinaus. Selig, glücklich und gestärkt, fuhr ich wieder zu meinen Kindern und nach Landau zurück.

Schnell holte mich der Alltag ein, aber innerlich gestärkt und mit großer Ruhe und Gelassenheit. Noch intensiver fühle ich mich im Glauben bestärkt, der mich meine Erkrankung friedlicher erdulden lässt. Ich muss dafür nicht jeden Sonntag in die Kirche gehen, auch im Stillen lässt sich der Glaube zu Gott erleben und die Bücher von Pater Anselm sind mir ein ständiger Wegbegleiter. Jeden Morgen segne ich im Stillen meine Kinder. Sie stehen unter Gottes Schutz auf ihrem Schulweg und ihren täglichen Anforderungen. Sie sind ein Segen für mich!

In der Planung liegt die Würze

Im Januar entschloss ich mich spontan, unseren Sommerurlaub in Mallorca zu buchen. Im Fernsehen tobten sich die Reiseveranstalter mit Wettbewerbsangeboten aus und auch in den Schaufenstern der Reisebüros wurde mit Frühbucherrabatten geworben.

Meine Tochter darf jedes Jahr mit meinen Eltern ins Münstertal verreisen auf einen 5-Sterne-Campingplatz inkl. Reitstall, Hallen- und Freibad. Welch Glücksfall für Sarah. Mit meinem Sohn Joel, der Pferde nicht sonderlich mag, lasse ich mir jedes Jahr etwas einfallen.

Letztes Jahr verbrachten wir sechs Tage in einem wunderschönen Gasthof im Schwarzwald umgeben von Natur pur, absoluter Ruhe und etwas älterem Publikum. Joel genoss nicht nur meine uneingeschränkte Aufmerksamkeit, auch durch seinen Charme wurde er auch vom Personal und dem Ehepaar des Gasthofes am Ende unseres Urlaubes fast adoptiert. Für mich war schon die Anreise von 2,5 Stunden eine Wohltat und die Ruhe sowie das allabendliche 4-Gang-Menü waren der Genuss pur. Jeden Tag unternahmen wir etwas, z.B. Schwimmen, „Wanderung" auf dem Feldberg, Grottenbesichtigung, je nach Wetter und je nach meinem Wohlbefinden oder besser gesagt dem der MS.

Nun dieses Jahr sollte es Mallorca sein, denn ich kenne die Insel recht gut und vertrage das Klima, trotz heißer Temperaturen im Sommer und meiner Erkrankung, optimal.

Die erste Reise nach Mallorca war mit meinen zwei Kindern 2001. Nichtsahnend von meiner MS mutete ich mir unmenschliche Flugzeiten zu, das Hotel war zwar nobel, aber zu weit vom Meer entfernt und ein befreundetes Paar mit Kindern, das uns begleitete, betrieb den ganzen Tag Ehekrieg vom Feinsten.

Das zweite Mal flog ich mit einer Freundin hin. Zwar hatte ich ein paar Tage vorher einen schlimmen Schub und bekam am Abflugtag noch morgens die letzte Kortisoninfusion, aber es war bis heute mein schönster Urlaub auf dieser Insel. Die Hitze war in Deutschland unerträglich, aber auf Mallorca mit ständiger Meeresbrise und Hotelklimaanlage zu ertragen. Außerdem erholte ich mich sehr schnell, konnte jeden Abend etwas weiter gehen und der fröhliche Austausch und die vielen Gespräche mit Ilona taten meiner Seele gut. Wir haben in diesem Urlaub niemanden kennengelernt, keine Ausflüge unternommen wegen meiner verminderten Gehfähigkeit, keine Discos, nur Faulenzen im Schatten, Schwimmen im Meer, gutes Essen und jeden Abend gemütliches Verweilen in einer Taverne am Meer. Ich war super erholt nach diesen neun Tagen und die Schubsymptome waren am Abnehmen. Nur an den Flugzeiten musste ich noch etwas ändern d.h. nur buchen, wenn ich tagsüber fliegen kann und nicht mitten in der Nacht.

Der dritte Mallorca-Urlaub war mit einem Freund, die Flugzeiten waren katastrophal und von Frankfurt aus anstatt von Baden-Baden. Gesehen habe ich dieses Mal mehr von der Insel, aber in bipolaren Wechselbädern durch meinen Partner.

Nun dieses Jahr am 13. Juli werden mein Sohn und ich für elf Tage nach Palma de Mallorca fliegen. Da ich schon im Januar buchte, konnte ich mir bequem den Abflugort und die Flugzeiten heraussuchen. Da mir ein Tag vorher noch Tysabri infundiert wird, ist die gewählte Abflugzeit um die Mittagszeit ideal. Der Transfer zum Hotel ist nur etwa eine Stunde. Es wird ein kleineres Hotel sein, Zimmer mit Klimaanlage und Dachterrasse und nur eine kurze Wegstrecke zum Strand. Da ich dieses Mal keine Spritzen im Gepäck habe, entfallen die spanischen Zollpapiere und die Kühltasche. Erwartungsvoll mobilisieren wir unsere letzten Kräfte für die wenigen Wochen vor den Sommerferien nach einem langen, arbeitsreichen Schuljahr!

Gedanken

Oft werde ich gefragt, wie ich das Erlebte und den Kampf mit den Alltagssorgen aushalte. Nicht nach meiner Erkrankung wird gefragt, nein, nach meinem Leben wird gefragt. Es stimmt, dass ich seit ich mein Buch letztes Jahr geschrieben habe, den Kampf gegen die MS aufgegeben habe. Nicht, weil ich keine Kämpfernatur mehr bin, sondern ich habe erkannt, dass der Kampf einem nur Kraft und Zeit kostet. Die muss und möchte ich anders nutzen. Viele Bücher habe ich in den letzten Monaten gelesen über Glauben, Spiritualität, wie ich mit dem Leben und Veränderungen besser umgehen kann, Verhaltensbücher, Beziehungen, positive Energien u.v.m.

Meine Erkrankung ist nicht mehr der Mittelpunkt in meinem Leben, auch wenn es Situationen gibt, in denen sich die MS immer wieder in den Vordergrund zu drängen versucht.

Es ist heiß draußen und ich erledigte schon einiges im Haushalt. Ich laufe unschlüssig in der Wohnung umher, frage mich, ob ich das Auto oder das Fahrrad nehme, setze einen Fuß vor den anderen, bis das linke Bein nachgibt. Auch so können Entscheidungen getroffen werden.

Die Hitze dieses Sommers machte mir zum ersten Mal in meiner MS-Laufbahn deutlich, dass nichts mehr so ist wie früher. Wie ein Dämon sitzt die MS morgens schon auf der Bettkante. Nach einer nervenschmerzreichen Nacht und etlichen Kühlbeuteln schwinge ich mich wenig galant aus dem Bett, eher wie ein lahmer Esel. Bevor die Hitze noch unerträglicher wird, schnappe ich mit wenig Elan meinen Stock und die Einkaufstasche, in meinen Augen erledige ich schnell die Einkäufe und zurück in die abgedunkelten Räume. Dieses Dasein fristen doch nur Vergessene, wie wird es einmal sein, wenn die Kinder nicht mehr bei mir wohnen? Schon wieder sitzt der Dämon mir im Nacken.

Die Mediziner nennen dieses ganze Desaster: Uthoff-Phänomen. Na Prima! Hier folgt die Erklärung: Zunahme von Symptomen nach körperlicher Anstrengung bei äußerer Erwärmung oder Erhöhung der Körpertemperatur.

Übrigens habe ich meinem Freund, dem Stock (viele Leser erinnern sich vielleicht an ein Kapitel im ersten Buch?) einen Namen gegeben. Getauft wurde er ohne kirchlichen Segen nur im Stillen ohne großen Pomp, auf den Namen Paulchen. Hätte ich noch einen Sohn, würde ich ihn Paul nennen, nun muss der Stock dran glauben. Paulchen und ich oder ich und Paulchen, für immer und ewig oder ab und an.

In Mallorca hockte ich entkräftet von der Hitze und vom Herumlaufen am Trottoir wie ein Bittsteller, den Stock vor mir oder aufgestützt. Es gibt wenige beschämende Augenblicke wegen Paulchen, denn zu groß ist die Not, wenn ich lahme und mir andere Menschen ihre Hilfe anbieten. Ein Busfahrer in Ca´n Picafort gewöhnte sich schnell an meine absurde Gewohnheit, nur eine Haltestelle mitzufahren. Doch den Fußweg ins Zentrum schaffte ich nur einmal, zurück erlahmte ich schnell und wollte mein Schicksal nicht herausfordern.

Auch größere Ausflüge und riesige Gebäude meide ich bei solchen körperlichen Gegebenheiten. Dazu kommen verhexte Toiletten, die nie dort zu finden sind, wo sie eigentlich gebraucht werden.

An jeden einzelnen Sturz in den letzten zwei Jahren kann ich mich erinnern. Es ist nicht der Schreck oder die Scham am Boden zu liegen, nein, es macht mir deutlich, wie meine körperlichen Einschränkungen sich in mein Dasein einschleichen. Und doch hindert es mich nicht daran, ohne Angst zu laufen, eher bereiten mir die nicht vorhandenen Vorrichtungen zum Hochziehen Kopfzerbrechen, sollte ich wieder einmal am Boden liegen.

Einer positiveren oder freundlicheren Einstellung zu meinen körperlichen Einschränkungen kann ich nur mit Gelassenheit und Humor begegnen, so nehme ich es mir immer wieder vor. Doch wie gelingt mir dies? Ich kann meinen Körper nicht immer einschätzen. Tränen übernehmen die Oberhand und die Kehle ist wie zugeschnürt. Unbesonnener und voller Tatendrang ist das Leben nun nicht mehr. Neidvolle Blicke werfe ich auf meine Mitmenschen. Doch tauschen möchte ich auch nicht. Nur der Teufel lässt sich aufs Tauschen ein, der Dämon sitzt nur im Nacken.

An den Tagen mit Paulchen ist meine Behinderung sichtbar wie ein Stigma. Ich fühle mich unwohl in meiner Haut, habe den Eindruck, „anders“ angesehen zu werden. Ich empfinde eine Apathie gegen fremde Menschen, diese „Starrer“ oder ihre verstohlenen Blicke. Zum Glück kann ich keine Gedanken lesen. Humor könnte jetzt helfen, er hat mich verlassen...

Die größte Ignoranz, die ich selbst begehe, ist die Vermeidung von Ruhepausen. Noch geht es ein Stückchen, nur noch um die letzte Ecke, noch schnell dies und jenes erledigen. Die Quittung folgt sogleich. Aber es ist nicht mein Ding, kurz vorm Ziel aufzugeben oder umzukehren. Auch jetzt sitze ich um 2.27 Uhr vorm PC, getrieben noch schnell die letzten Gedanken niederzuschreiben.

Es sind die Starken im Leben,
die unter Tränen lachen,
ihr eigenes Leben verbergen
um andere glücklich zu machen.

Mit den Augen meiner Kinder

Viele E-Mails erreichten mich von Töchtern, deren Mütter oder Väter von der Krankheit Multiple Sklerose betroffen sind. Ich antwortete ihnen aus der Sicht einer Betroffenen und als Mutter.
Was in den Köpfen meiner zwei Kinder vorgeht, kann ich nur erahnen.

Betroffen machen mich die Worte über die Leiden und Ängste der Töchter, die mir schrieben. Ihre schmerzhafte Beobachtung über das Anderssein ihrer Mütter oder Väter, ihre Hoffnungen und Tiefschläge konnte ich beim Lesen fast hautnah spüren. Es macht mich sehr traurig, nur meine Erfahrungen, Empfindungen und Hoffnungen beschreiben zu können. In solchen Situationen merkt man, dass jeder für sich alleine mit dem Dämon in Form der MS zu Recht kommen muss; der Betroffene mit seinen körperlichen Einschränkungen, Verlustängsten und manch seelischem Leid, welche diese Krankheit mit sich bringen und die Kinder und Partner, Eltern und Freunde, die nicht betroffen, aber zutiefst getroffen sind, müssen lernen, die Krankheit anzunehmen und jeweils mit ihr umzugehen.

Meine zwei Kinder kannten mich als Energiebündel, als Mutter, die alles konnte und leistete. Als ich damals, während meiner neuerlichen Berufstätigkeit, die Diagnose erhielt, waren meine Tochter neun Jahre und mein Sohn fünf Jahre alt.

Einigermaßen kindgerecht, wenn dies überhaupt möglich ist, versuchte ich, den Kindern die Krankheit zu erklären. Aber ich war selbst verstört und weinte viel. Erst nach Tagen und Wochen konnte ich mit meinen zwei Kleinen über die MS und die Veränderungen, wie z.B. die Spritzentherapie und meine körperlichen Einschränkungen, sprechen. Meine Freundin Katja lieh mir das Buch „Benjamin – meine Mama ist besonders“, aus dem Baumhaus Verlag aus, in dem zwei Kinder und ihre Mutter in derselben Situation waren, wie wir. Es wurde die Krankheit MS erklärt, einfache Dinge über die möglichen Auswirkungen der MS, Untersuchungen und Klinikaufenthalte besprochen, ebenso die Nebenwirkungen der

Medikamente. Joel, wissbegierig wie er ist, habe ich das Buch vorgelesen und seine Fragen beantwortet. Sarah hat dieses Buch bis zum heutigen Tag nicht angerührt, die Fragen kamen mit der Zeit und dosiert. Sie wollte so wenig wie möglich darüber wissen. Sie hofft heute, dass die jetzige Therapie anspricht und ich so lange wie möglich, stabil bleibe.

Sarah, gesundheitlich instabil durch ihre Asthmaerkrankung und die Folgen von vier Hüftoperationen, war seelisch durchgeschüttelt von dem Auszug aus unserem gemeinsamen Haus, dem Verlust ihrer väterlichen Bezugsperson, von meiner neuen Lebenssituation als MTLA im Schichtdienst, von ihrem Ganztags-Schulbesuch und letztendlich der hellhörigen Mietwohnung, in der man nur schleichen und unauffällig leben durfte.

Joel musste von heute auf morgen den Ganztagskindergarten besuchen, nachdem er die einschneidende familiäre Umstellung und die mangelnde Zeit, die mir durch die Berufstätigkeit und die plötzlichen Diagnosestellung blieb, noch nicht einmal richtig verarbeitet hatte. Ich war selbst im Ausnahmezustand, musste den Teufelspakt mit der MS verarbeiten, die Kündigung in der Probezeit aufgrund der Diagnose und die Nebenwirkungen der Interferone.

Was haben wohl da meine Kinder empfunden? Sie waren oft ängstlich, ich konnte es ihnen in den Augen und Gesichtern ansehen. Wenn ich mich schon machtlos fühlte, wie machtlos haben sich meine zwei Lieben nur gefühlt! Ihre Ängste äußerten sie bei jedem Schub erneut, und es waren ja nicht wenige Schübe.

Auch aus finanzieller Sicht war die Zukunft oft ungewiss. Das Wort Sparen war ständig präsent. Nach der Entlassung wegen eines schweren Schubs musste ich für siebeneinhalb Wochen in die Reha-Klinik nach Bad Buchau. Da nicht genügend Geld zur Verfügung stand und die Entfernung zweihundert Kilometer betrug, konnte ich meine Kinder während der ganzen Zeit nicht sehen. Zwar wusste ich sie bei meinen Eltern in den besten und liebevollsten Händen, aber dennoch war es nicht nur für mich eine Horrorzeit.

Im November 2009 hatte ich nach vielen milderen Schüben wieder einen Schub, bei dem ich nicht mehr laufen und überhaupt nichts mehr zu Hause erledigen konnte. Die Kinder gingen morgens in die Schule, und ich wurde von meinem Neurologen direkt ins Pfalzklinikum überwiesen, ohne dass ich zu Hause noch meine Wäsche packen konnte. Ich musste beide Schulen meiner Kinder informieren, damit sie nach Schulende zu ihrer Oma gingen, da ich bereits stationär in der Klinik lag. Es war sicher ein Schock für sie, die Meldung von der Lehrerin zu erhalten. Während meiner vielen Klinikaufenthalte kam nur mein Papa mit Joel zu Besuch ans Krankenbett, mein Sohn braucht dann die Gewissheit, mich zu sehen, und die Gewissheit, dass es mir „gut" geht. Meine Sarah blieb dann immer bei meiner Mama, sie kann so besser mit der Situation und ihren Gefühlen umgehen. Ich spürte ihren Hass am Telefon nicht gegen mich, sondern gegen diese so unberechenbare Krankheit. Sie hat Angst vor der Zukunft und vor dem ungewissen Verlauf, was die MS noch mit mir vorhaben könnte. Beide Kinder haben so ihren Weg für sich gefunden, mit ihren Gefühlen und den daraus resultierenden Lebensumständen umzugehen. Beides respektiere ich und ich bin traurig, ihnen das nicht ersparen zu können.

Nach meinen Empfindungen sind sie zu schnell „erwachsen" geworden. Auch wenn ich in den „gesunden" Zeiten immer für sie da bin und viel mit ihnen unternehme. Ich weiß auch, dass sie sich dieselben Fragen stellen, wie die Töchter, die mir geschrieben haben. Warum geht meine Mama nicht arbeiten, wie jede allein erziehende Mutter heutzutage? Wann kommt der nächste Schub? Wird meine Mama mal nicht mehr laufen können? Wie geht es dann mit uns weiter? Hilft ihr die jetzige Therapie? Wird sie wieder gesund? Warum ist sie oft müde und muss schlafen? Muss ich mich später um sie kümmern, damit sie nicht so allein ist? Braucht sie meine ständige Hilfe? Warum kann nicht wieder alles so sein wie früher? Wie kann ich ihr nur helfen?

Kindgerechte Gespräche über die Erkrankung fruchten nur selten. Denn was beide Kinder sehen, muss nicht noch in der Theorie erklärt werden.

Joel ist ein kleiner Klammeraffe, der mich gerne für sich alleine hat und die Urlaube mit mir in vollen Zügen genießt. Er ist jetzt nach dem Schulwechsel im letzten Herbst selbstständiger geworden und sucht sich seinen Weg als „kleiner" Mann. Er möchte bei mir wohnen, bis ER seine Rente bekommt. Da lache ich herzlich, denn dann würde ich mindestens hundertdrei Jahre alt werden. Oder er richtet mir eine Wohnung in seinem späteren Haus ein, damit ich die Kartoffeln für das Mittagessen schälen kann.

Sarah ist meine „kleine Schnecke" (...aus einem Kinderbuch) trotz ihrer fünfzehn Jahre, für die ich bei Ärzten kämpfe wie eine Löwin. Sie möchte in die große weite Welt hinaus, nach dem Abitur studieren und so weit als möglich weg von diesem spießigen Landau. Sie ähnelt mir sehr und sie wird in manchen Lebenssituationen sicher so einstecken müssen, wie ich. Aber zielbewusst und erfolgreich zu sein, sind auch Werte im Leben. Sarah umarmt mich oft und sagt mir, dass sie mich lieb hat, aber ich werde sie später vermutlich nicht oft zu Gesicht bekommen. Zu groß sind ihr Freiheitsdrang und die Neugierde auf fremde Länder und Menschen.

Trotz unseres Alltags mit der MS und den Schwierigkeiten, meine Ausfallszeiten zu organisieren und durchzustehen, arrangieren wir uns mit „ihr", und lassen uns nicht unterkriegen. Wir haben uns lieb und sind für einander da – jeder auf seine Art!

Endlich auf Mallorca!

Nichts kann uns mehr aufhalten. Die Koffer sind gepackt und Tysabri ist in meinen Venen. Relaxt verbringen mein Sohn und ich die letzte Nacht in Landau, schlafen aus, frühstücken ausgiebig und schon geht es ab zum Flughafen Baden-Baden. Ein Bekannter von mir fährt uns hin, damit ist das Autoproblem auch gelöst.

Am Flughafen stoßen meine Freundin Jutta und ihre Tochter zu uns, denn sie haben vor drei Wochen im selben Hotel nachgebucht. Gelassen trinken wir Kaffee, denn die Maschine hat eine Stunde Verspätung. Da ich wieder einmal zu früh am Flughafen war, zum einen um einen Sitzplatz vorne im Flugzeug zu bekommen und zum anderen, weil lieber zu früh als zu spät. So bin ich nun einmal! Die Leser meines ersten Buches wissen schon, dass ich an Klaustrophobie leide und dies nicht nur in der Röhre bei MRT-Untersuchungen, sondern auch in Fahrstühlen und Flugzeugen. Außer einem Sitzplatz vorne in der Maschine (was mir ja im eigentlichen Sinne nicht hilft, wenn die Türen einmal geschlossen sind!) brauche ich noch ein Beruhigungsmittel. Ich stehe zu diesen Ängsten, denn sonst käme ich nicht vom Fleck. Die Medikamente gehören zur Ausnahme.

Ohne weitere Verzögerungen landen wir gegen 17.30 Uhr in Palma. Wie am Schnürchen verläuft die Gepäckausgabe und der Transferbus bringt uns nach nur 75 Minuten nach Ca`n Picafort im östlichen Teil der Insel. Wie im Katalog versprochen, liegt das Hotel in unmittelbarer Nähe des Meeres und unsere Zimmer befinden sich tatsächlich im 5. Stock mit Dachterrasse. Ein Ausblick, der einem den Atem nimmt. Endlich sind wir angekommen, nicht nur am Urlaubsort, sondern bei uns und dem Abstreifen der Alltagssorgen und der Hektik.

Wie so oft in solchen Touristenhotels ist der Ablauf der „Essensausgabe" durchorganisiert. Wir werden in die späte Schicht eingeteilt, d.h. wir haben von 19.30 Uhr bis 20.30 Uhr Essenspflicht, ob Hunger oder nicht, und in nur einer Stunde schafften wir die Vorspeisen, Hauptgerichte und die Desserts. Das Resultat ist ein aufgeblähter Bauch und Bewegungsbedarf. Nach zwei Tagen unternehmen wir den Versuch, mit einem Trick in die erste Schicht zu gelangen. Jutta versuchte es mit meinem nicht vorhandenen Diabetes und prompt hatte der Kellner doch die gleiche Stoffwechselerkrankung und somit kein Verständnis, nur gut gemeinte Ratschläge über den Umgang mit dieser Krankheit.

Die Nächte sind lau bis heiß und so verbringen wir die Abende mit Bummeln in den Ort hinein, Einkaufsorgien meiner Freundin, Gesprächen, kleinen Veranstaltungen oder ich allein gemütlich mit einem Buch auf unserer Dachterrasse. Mein Sohn geht dann schlafen und ich genieße die Ruhe und das Alleinsein.

Entweder zu zweit oder zu viert verbringen wir den Morgen am Strand, Joel beim Buddeln von Burgen und Gräben und ich tapfer unterm Sonnenschirm, da die Temperaturen die 40-Grad-Grenze überschreiten. Nur mit etwas Abkühlung im lauwarmen Meer kann ich das Strandleben aushalten. In der Mittagszeit ziehen Joel und ich uns, wie die Einheimischen, ins Kühle des Hotels zurück, nicht ohne auf dem Rückweg jeden Tag ein Croissant und ein Baguette mitzunehmen. Jutta und Elena brutzeln am Strand, ohne Sonnenbrand zu bekommen, was mir heute noch ein Rätsel ist. Sie sind am Ende des Urlaubs wie Joel braun gebrannt und ich fahre mit einer vornehmen Blässe nach Hause. Aber schubfrei und endlich wieder symptomfrei ohne Stock.

Aber nicht nur faul am Strand liegen wir in den elf Tagen Aufenthalt, sondern wir erkunden die Insel mit Bus und Schiff. Es ist für mich sehr anstrengend bei diesen Temperaturen, unterbrochen von ständigen Verschnaufpausen, viel Trinken und Suchen von verhexten Toilettenhäuschen. Der kräftezehrendste Ausflug führt zur Halbinsel Formentor, den wir aber mit klimatisiertem Reisebus und Reiseleitung gebucht haben. Die steil abfallenden Felsen ins

Meer und die grandiose Berglandschaft lassen mich teils die Strapaze vergessen. Mit dem Schiff geht es von der Bucht Cala Pi de la Posada zurück zum Hafen von Pollenca. Statt mit den anderen zurück ins Hotel zu fahren, steigen wir unterwegs in Alcúdia aus. Mittelalterliche begehbare Stadtmauern, eine reizvolle Pfarrkirche, enge Gassen und alte Häuser laden zum Verweilen ein. Doch nirgends Schatten, meine Beine erlahmen und Paulchen, mein Stock ist auch keine richtige Stütze mehr. Bevor wir den sonntäglichen Wochenmarkt „leer“ kaufen, genießen wir ein schmackhaftes verspätetes Mittagessen im Schatten. Pizza und mallorquinische Küche schmeicheln unserem Gaumen.

Ein absolutes Muss für mich ist ein Besuch im Städtchen Artà. Schon von weitem erblickt man die mächtige Wehrkirche, darüber sichtbar die Zinnen der Burg. Sanft steigen die Straßen zum Stadthügel vorbei an schmucken Häusern und dem Rathaus, dann die Terrasse mit der Wehrkirche und steil hinauf zur Burg auf dem Kalvarienberg. Auch an diesem Tag ist es sehr heiß und die ersten Schritte werden zur Herausforderung. Dienstag ist Markttag und somit bieten sich viele Sitzgelegenheiten und Verschnaufpausen beim Kauf von speziellen Geschenken an den Marktständen. Bei jedem Mallorca Urlaub nehme ich mir in Artà handgefertigte Keramikfliesen mit, eine Belohnung für diesen anstrengenden Ausflug. Zum x-ten Mal in den letzten Jahren klettere ich mit Joel über die mit Zypressen flankierte Treppe zum Stadthügel mit Burg hoch. Jutta und Elena haben uns schon lange überholt, denn nicht nur ich brauche einen Cappuccino unterwegs, auch Joel schlürft genüsslich eine Tasse Schokolade. Zum großen Ärger erlischt der Akku meines Fotoapparats auf der Treppe und der spätere Kauf eines neuen Akkus stellt sich als wahre Herausforderung an die deutsche, englische und spanische Sprache heraus.

Mit vielen neuen Eindrücken und erholt, außer mir, treten wir traurig den Heimflug morgens um 8.30 Uhr an. Bei Sonne starten wir, bei Regen landen wir in Baden-Baden. Schön war es in jeglicher Hinsicht.

Sicher fragen sich einige Leser, warum ich nicht erholt war. Nun, Discobesuche und lange Nächte waren nicht schuld daran. Auch mein Sohn war so ausgeglichen und beschäftigt, dass ich viel lesen und faulenzen konnte. MS-Betroffene kennen sicher dieses Phänomen, das mir die Ärzte bis heute nicht richtig erklären können. Früher profitierte ich noch Wochen von der Erholung, heute nur wenige Tage. Kaum zu Hause werde ich schneller müde, die Fatigue begrüßt mich an der Wohnungstür. Der Dämon sitzt aber nicht nur daheim an der Bettkante, auch auf Mallorca lauert er. Trotz heißen Temperaturen vertrage ich das balearische Klima besser, Ruhepausen brauche ich selbstverständlich auch dort. In den Nächten konnte ich schwer einschlafen, das tobende Meer strapazierte mein schwaches Nervensystem und trotzdem sprang ich mit Elan morgens aus dem Bett. Zu Hause ein Unding. Ich verzichte darauf, nach Antworten zu suchen, die ich nicht bekommen werde. Akzeptiere die Gegebenheiten und freue mich auf den nächsten Urlaub.

Wenn ich die Augen schließe, höre ich das Meer rauschen, schmecke das Salz und spüre den Sand zwischen meinen Zehen. Das sind die wahren Glücksmomente in meinem Leben, ich ruhe dann in mir selbst und bin eins mit mir.

Meine Dauertherapie Tysabri

Bei der Multiplen Sklerose handelt es sich um eine Autoimmunerkrankung, bei der körpereigene Immunzellen, die weißen Blutzellen (Leukozyten), fehlgesteuert die Schutzhüllen von Nervenfasern (Myelinscheiden) angreifen und zerstören. Der Angriff auf die Myelinscheiden der Nerven wird dadurch möglich, dass es den fehlgeleiteten Immunzellen gelingt, die Blut-Hirn-Schranke, die natürliche Schutzbarriere des Gehirns, zu durchwandern. Im Gehirn angekommen, lösen die Immunzellen verschiedene Mechanismen aus, dadurch kommt es zu den MS-typischen Entzündungen im Gehirn und Rückenmark und zu einer dauerhaften Schädigung der Nervenzellen. Als Folge davon werden Signale nur noch unvollständig oder gar nicht weitergeleitet. MS-typische Symptome wie z.B. Seh-, Gang- oder Empfindungsstörungen und auch schwere Behinderungen treten auf.

Tysabri (Wirkstoff: Natalizumab) wirkt direkt an dem Ort, an dem die fehlgesteuerten Immunzellen aus dem Blutkreislauf, in dem sie sich normalerweise befinden, in das Gehirn übertreten (Blut-Hirn-Schranke). Es verhindert, dass diese Immunzellen überhaupt erst in das Gehirn und Rückenmark gelangen und dort Entzündungen verursachen.

Natalizumab ist ein Antikörper gegen Integrine, die auf der Oberfläche der Leukozyten (Immunzellen) vorkommen. Die Leukozyten können mit Hilfe der Integrine an der Gefäßwand der Blut-Hirn-Schranke andocken und danach ins Gehirn übertreten. Diese Integrine werden durch den Antikörper Natalizumab blockiert, die Immunzellen bleiben im Blutgefäßsystem und verursachen somit keine Entzündungsherde.

Tysabri ist als Monotherapie zur Behandlung der hochaktiven schubförmig remittierenden MS zugelassen und gehört zur Eskalationstherapie. Denn grundsätzlich gilt: **Die MS schläft nie!**

… und kann auch in symptomfreien Zeiten aktiv sein. Ein Schub ist also sozusagen nur die Spitze des Eisbergs.

Ziel der Tysabri-Therapie ist, das Auftreten von Schüben zu vermeiden. Während der Behandlung wird in der Regel alle sechs Monate eine MRT-Aufnahme gemacht, um aktive Läsionen (Entzündungsherde) und Vernarbungen nachzuweisen, den Krankheitsverlauf zeitlich zu beurteilen, die Krankheitsaktivität und den Erfolg der Therapie. Eine MRT-Aufnahme kann neue, „stumme" Läsionen aufzeigen, die man als Patient sonst nicht bemerkt. Außerdem muss der Patient wegen der Möglichkeit an einer PML (progressive multifokalen Leukenzephalopathie) zu erkranken, überwacht werden. Die PML ist eine schwere Gehirninfektion und führt zu einer Funktionsstörung im Zentralnervensystem (ZNS) innerhalb von Tagen und ist zu Beginn schwierig von einem MS-Schub abzugrenzen.

Tysabri wird regelmäßig als Infusion alle vier Wochen verabreicht. Vier Wochen sind schnell vorbei und die Tatsache, dass das Medikament immer regelmäßig, wenn möglich am selben Tag, gegeben werden muss, greift immens in den Alltag und sonstige Planungen, wie Urlaub ein.

Die ersten drei Infusionen bekam ich im Klinikum Ludwigshafen, die erste sogar stationär. Zum Glück können die weiteren Infusionen ambulant durchgeführt werden. Einen Tag vorher gehe ich zur Blutabnahme zum Hausarzt, um das Blutbild und das C-reaktive Protein bestimmen zulassen und alle drei Monate zusätzlich die Leberwerte. Gefaxt werden die Ergebnisse dann ins Pfalzklinikum.

Mein Infusionstag ist ein Dienstag und gegen 9.00 Uhr fährt mich mein Papa ins Pfalzklinikum in Klingenmünster, unweit von Landau. Es ist mittlerweile Routine und so betrete ich die Station Neuro 1, in der Tasche eine Flasche Wasser, ein Buch, die Zeitung und einen Schokoriegel. Immer das gleiche Muster. Frau Dausch, die Chefsekretärin von Chefarzt Herr Pfeiffer begrüßt mich herz-

lich, fast fühlt man sich wie zu Hause. Alles ist vorbereitet und dann muss ich noch ein Arztgespräch mit OA Dr. Fritz führen. Hier kann ich immer all meine Fragen loswerden, denn irgendetwas beschäftigt mich immer. Auch ist er verpflichtet, ein Protokoll zu führen, gerade wegen besagter PML. Anschließend steht mir nicht die Welt offen, aber der Konferenzraum. Gemütlich breite ich meine mitgebrachten Sachen aus, der Blutdruck und der Puls werden gemessen und eine Nadel bzw. Zugang wird gelegt. Alle Ärzte hatten schon das Vergnügen und keiner schaffte es beim ersten Versuch. Mittlerweile habe ich so schlechte Venen bzw. sie sind so zerstochen, dass es für mich zur Tortur wird. Endlich angedockt, tropft das Tysabri in meine Armvene und ich werde die nächsten zwei Stunden mit Lesen verbringen, einen kleinen Plausch mit Schwestern oder Pflegern halten, je nachdem wer vorbei kommt. Die Krönung ist ein Kännchen Kaffee von der Stationshilfe, eine Seele von Mensch. Nachdem auch die Kochsalzlösung durchgelaufen ist, werden nochmals Blutdruck und Puls gemessen und Dr. Fritz gibt seinen Segen. Ich bin entlassen nach etwa dreieinhalb Stunden. Schnell Handy raus und meine Mama anrufen zum Abholen, dann zusammenpacken, und nix wie weg.
Ach, gehen vier Wochen so schnell vorbei!

Viele Leser wissen aus meinem ersten Buch, dass ich eine enorme Angst vor dieser Infusionstherapie hatte, hauptsächlich vor der gefürchteten PML und der kurzen Zulassung dieser Monotherapie. Aber nachdem ich mich damals doch entschlossen hatte, fiel die Angst allmählich von mir ab und ich stehe zu meiner Entscheidung. Sie bestärkt mich, denn ich bin seit dieser Zeit schubfrei. Zwar war ich im August stationär im Pfalzklinikum wegen einem angeblichen Schub und bekam eine dreitägige Kortisonstoßtherapie, doch im Nachhinein war es eine Verschlechterung der MS.

„Sie schläft eben doch nicht!“

Wien und das schöne Wort „Baba"

Mein erstes Buch ins Ausland verkaufte ich nach Wien und lernte somit Andrea kennen, die ebenso an MS erkrankt ist und ein Jahr jünger ist als ich. Per E-Mail entwickelte sich eine virtuelle Freundschaft, die wir im Oktober diesen Jahres durch unser persönliches Kennenlernen auf österreichischem Boden vertieften. Im Mai buchte ich schon einen Flug, der beinahe durch einen Schub meinerseits im August und meiner Depression, die sich anschließend zuspitzte, scheiterte. Aber mit viel Willenskraft, Medikamenten und Therapie schleppte ich mich in den Oktober.

Montag, den 11. Oktober:

Nachdem das Navigationssystem im Auto meines Vaters uns zum zweiten Mal an die gleiche Stelle im Elsass lotste, entschieden wir uns doch die alt herkömmliche Landkarte zu benutzen. Kurz vor Schalterschließung der Fluglinie Air Berlin kamen wir mit überhöhter Geschwindigkeit im Flughafen Baden-Airport an. Eingecheckt hatte ich von zu Hause per PC, denn wie jeder Leser inzwischen weiß, leide ich an Klaustrophobie und nur eine viertel Tablette Beruhigungsmittel und Sitzen in der ersten Reihe können mich zum Fliegen bewegen. Eine Tasse Kaffee mit Papa war gerade noch zeitlich drin und schon saß ich im Flieger. Drei Tage Wien lagen vor mir und das Kennenlernen von Andrea.

Ankunft Wien gegen 20.30 Uhr. Schnell das Gepäck abholen und durch den Zoll. War ich aufgeregt! Die Schiebetüren öffneten sich und ich stand nach einem Jahr des Austauschs von Mails und Fotos glücklich und gerührt vor Andrea. Wir fielen uns in die Arme und konnten es beide nicht glauben. Ihr Lebensgefährte war auch mitgekommen, von ihm hatte sie mir auch schon viel geschrieben. Zu dritt fuhren wir nach Wien, vorbei an manchen Sehenswürdigkeiten, zum Hotel „Ekazent" im 13. Bezirk in unmittelbarer Nähe von Schloss Schönbrunn. Ein kleiner Absacker in der Hotelbar und ein erstes Kennenlernen. Wir verabredeten uns für den nächsten Tag.

Andrea verabschiedete sich mit „Baba“ und ich denke: „Was will sie denn jetzt mit meinem Papa??“

Dienstag, den 12. Oktober:

Andrea holte mich nach dem Frühstück ab, zeigte mir den Weg per Bus in ihre Wohnung und schon ging es auf Entdeckungsreise. Vorher fragte ich sie noch, was sie mir wegen meinem Papa sagen wollte. Sie lachte, denn Baba heißt auf Wienerisch „Tschüss“, wenn man jemanden gut kennt oder mag. Nun lachten wir um die Wette und das Wort „Baba“ ließ mich von nun an nicht mehr los.

Wenn man mich kennt, weiß man, wie ungeduldig ich bin. Möchte gerne am ersten Tag alles sehen und kennenlernen. An diesem Tag marschierten wir, noch ausgeruht, durch den Schönbrunner Park, zur Gloriette, dann hinab zum Schloss bei strahlendem Sonnenschein, vorbei am Neptunbrunnen, an dem Jahrzehnte vorher Kaiser Franz Joseph seiner Sissi seine Liebe gestand. Kitschig, aber ich liebe die „Sissi“-Filme!

Andrea und ich besichtigten das Schloss, aber die kleine Runde. Wir wussten ja, dass wir noch vieles vorhatten und beide nur begrenzte Gehkapazitäten frei haben. Der Park und das Schloss sind riesengroß und so ließen unsere Kräfte nach, die wir bei einem Topfenstrudel und einem großen Braunen auftankten. Voller Tatendrang nahmen wir die Metro in den Bezirk 1 zur Karlskirche. Eine wunderschöne barocke Kirche mit Turm und beeindruckender Kuppel. Meiner Höhenangst zum Trotz kaufte ich zwei Tickets zum Turm, nicht ahnend, dass der Aufzug gläsern ist, damit man schön nach allen Seiten ins Kircheninnere sehen kann. Als Höhenangstgeplagte verbrachte ich die Fahrt in gebückter Haltung mit Blick zum Boden. Angekommen auf der Plattform in 35m Höhe sank ich auf einen Stuhl neben einer jungen englisch sprechenden Frau, die genauso drein blickte wie ich. Willkommen im Club. Ich ließ Andrea mit Fotoapparat die weiteren 35 m per Treppe alleine gehen. Man soll ja bekanntlich sein Glück nicht überstrapazieren.

Nach diesem kräftezehrenden Erlebnis, für jede von uns beiden auf ihre Weise, kehrten wir den Sehenswürdigkeiten für diesen Tag den Rücken. Aber einen großen Braunen in einem typischen Wiener Café im 16. Bezirk brauchten wir doch noch. Ich kaufte mir im Supermarkt mein Abendessen, das ich später geduscht im Schlafanzug im Hotelbett vertilgte. Dabei sah ich fern. Dinge, die ich bei meinen Kindern nie erlauben würde. Aber Spaß hat es doch gemacht und ich hoffe, sie werden sich nicht immer an meine Anweisungen halten.

Mittwoch, den 13. Oktober:

Heute trafen wir uns an der U-Bahn, da Andrea noch einen Notartermin hatte. Nun ging es wieder in den 1. Bezirk. Ein langer Besichtigungstag stand uns bevor, denn jetzt war auch Andrea unersättlich. Pflicht in Wien ist der Stephansdom. Da ich ihn schon kannte, besichtigten wir das Kircheninnere nur kurz. Dann einmal drum herum, hatte ihn dann wirklich von allen Seiten fotografiert! Wir machten einen Abstecher in ein modernes, nobles Teehaus mit Verkaufsräumen. Ich kaufte Tee und Espresso für meine Lieben zu Hause.

Die Fiaker ließen wir links liegen, denn wir suchten nun die Kapuzinerkirche mit der Kaisergruft. Nach etlichen Fehlschlägen, da Andrea keine gute Orientierung hat und ich nicht so schnell mit dem Kartenlesen nachkam, standen wir unerwartet vor der Kirche. Zum Reingehen hatten wir nun keine Lust mehr und noch weniger dazu 9 € zu bezahlen, um Särge anzuschauen, die setzten wir dann doch lieber im ältesten Kaffeehaus, dem „Hawelka“, um. Selbstgebackener Kuchen, Kaffee und ein unbeschreibliches Flair, das eine dringende Patina bräuchte, erwartete uns. Man muss es gesehen und erlebt haben. Grandios!

Etwas gestärkt, aber mit müden Beinen ging es zur Hofburg. An der Augustinerkirche konnten wir ohne schlechtes Gewissen nicht vorbei, also ein kurzer Blick ins Innere des gotischen Gotteshauses, das uns dann doch faszinierte. Aber unser eigentliches Ziel war nebenan der Prunksaal der Österreichischen Nationalbibliothek.

Welch unbeschreiblicher Prunk und welch ehrfurchtgebietende Atmosphäre erwarteten uns hier. Bücher in Glasvitrinen, die aus dem 14. und 15. Jahrhundert stammen, erfüllten mich mit Begeisterung und ich konnte mich kaum satt sehen an den ca. 200.000 Büchern in den dunklen Mahagoniregalen, die so viele Hunderte von Jahren überdauert haben. Welch Wunder und Glück für die Menschheit!

Berührt von solcher Schönheit und Einzigartigkeit entschlossen wir uns, zum Abschluss in die Hofburg direkt nebenan und zwar ins Sissi-Museum und die Kaiserapartments zu gehen. Kein weiser Entschluss, denn wir waren eigentlich am Ende unserer Kräfte. Unvernünftig wie wir sind, standen wir diese Besichtigungen durch, aber krochen anschließend zur U-Bahn-Station am Josephplatz. Die letzten Meter zum Hotel nahm ich den Bus, also eine Station, und wer trägt mich ins Zimmer, fragte ich vergebens.

Nach etwas Ausruhen, Duschen und einem „kleinen Braunen“ fuhr ich zu Andrea, jeden Meter mit dem Bus auskostend. Es wurde ein gemütlicher Abend mit Essen, Erzählen und viel Lachen. Baba!

Donnerstag, den 14. Oktober:

Andrea musste auf ein Begräbnis, ich packte meinen großen Koffer, im wahrsten Sinne des Wortes, und frühstückte das letzte Mal mit Blick auf Wien vom 5. Stock des Hotels. Dann fuhr ich mit dem Bus zu Andreas Wohnung, deponierte dort meinen Koffer und ab ging es allein in den 1. Bezirk mit der U-Bahn. Jeden Moment kostete ich aus, flanierte an der Oper vorbei, die Einkaufsstraße rauf und runter, fotografierte hie und da und gönnte mir einen „kleinen Braunen“ im viel zu teuren Café des Hotels Sacher. „Man gönnt sich ja sonst nichts!“ lautete mein Motto an diesem wunderschönen, sonnigen letzten Morgen in Wien.

Mittags verbummelten Andrea und ich die Zeit gemütlich auf dem Sofa mit Torte und Kaffee, nachdem wir uns schon zum Mittagessen einen Braten mit Knödel einverleibt hatten. So langsam rückten die Zeit des Abschieds und der Abflug immer näher. Ach, die drei Tage vergingen wie im Flug, so viel hatten wir uns noch zu erzählen!

Ich hatte hier in dieser himmlischen Stadt eine neue Freundin gewonnen. Trotz Entfernung schreiben wir uns ständig und ich hoffe, wir können uns nächstes Jahr wiedersehen. Ihre Freundschaft tut mir gut und ich danke ihr für viele aufmunternde Worte.

„Leseratten"- Erlebnistage!

An einem Novemberwochenende fand zum ersten Mal die Pfälzer Buchmesse in Neustadt an der Weinstraße statt. Ein fantastisches Erlebnis für mich als Newcomerin zwischen bekannten pfälzischen Autoren und etlichen Verlagen. Durch Zufall bin ich im Sommer über die Anmeldung gestolpert und mit etwas Bauchweh hatte ich mich dann doch angemeldet. Denn ich wollte wissen, ob ich - wie so oft in meinem Leben - auch Erfolg in der lokalen Buchwelt hätte. Es war der reinste Genuss für das Auge und die Sinne!

Beschwerlich der Aufbau am Vortag nach einer stressigen vollgepackten Woche. Prompt verschlief ich am ersten Messetag! Gelassen fuhr ich nach Neustadt, denn ändern konnte ich eh nichts mehr und von den eineinhalb zu viel geschlafenen Stunden konnte ich nur eine dreiviertel Stunde wett machen. Aber ich war ausgeruht.

Eine Vielzahl von Besuchern kam mir beim Eintreffen in den Messeräumen entgegen, was ich eher mit Freude aufnahm. Hatten diese nun Zeit, in Ruhe ohne mich mein Buch zu begutachten. Denn das Thema Erkrankung und Multiple Sklerose ist für manch einen doch schwerer Tobak. Aber wer nicht wagt, der gewinnt auch nicht und dies führte ja auch zu meiner Anmeldung zur Buchmesse.

Weihnachtlich dezent dekoriert hatte ich meinen Verkaufstisch mit meinen Büchern, ebenso mit Süßigkeiten für Naschkatzen, diesen Tipp bekam ich von meiner Freundin Anke. Denn nicht nur über den Titel und die Multiple Sklerose kommt man ins Gespräch mit Interessierten, auch über Anbieten von Süßem. Laut dem Motto: „Süßes statt Saures!"

Nachdem ich die 800er Verkaufsmarke schon überschritten hatte, dachte ich nicht im Entferntesten an so viel Interesse an meinen Büchern und an mir, als Betroffene, Hausfrau und Mutter. Wenn ich Resümee ziehe, waren die Gespräche für mich am eindrucksvollsten, nicht nur an meinem Stand. Ich habe Kontakte geknüpft mit Verlegern, um andere Abwicklungen vom Druck bis zur Vermarktung eines Buchs zu erfahren. Belehrende Gespräche und hilfreiche Tipps von anderen Autoren, die auch teils mit einem Buch auf dem Markt präsent waren. Versnobt war nur eine Autorin, die schon -zig Bücher auf dem englisch- und deutschsprachigen Büchermarkt veröffentlicht hat. Mit leicht spöttischem Gesicht durchstreifte sie gelangweilt unseren Verkaufsraum, aber süffisant lächelten wir zurück.

Wir waren eine nette Truppe in unserem Präsentationsraum, bunt zusammengesetzt aus zwei Buchverlagen, einem Spieleverlag und fünf Autoren. Neben mir reiste Ella Jakob aus Nordrhein-Westfalen an, die ich bis dahin nur vom Schreiben aus dem Autoren-Pool meines Verlags BOD kannte. Sie rückte mit ihren vier Büchern im Gepäck an. Ein krasser Kontrast zu meinem Buch. Gegenüber war der Autor Bernhard Hennrich mit seinem Buch „Standfest - Das Manager-Brevier", ein weiterer Exot, was das Thema angeht. Ein bemerkenswerter Autor und Mensch.

Zwischendurch versorgten wir uns gegenseitig mit Kaffee, passten auf die jeweiligen Stände auf und auch zwei Freundinnen, Gabi und Jutta, standen mir kurzzeitig zur Seite. Jutta verpasste mir eine Handmassage in einer Leerphase und las mir ihren Brief an die Fa. Wala vor. Sie hat gute Vorschläge, um über diese Firma für mich das Aconit Schmerzöl zu ordern, das für meinen oft schmerzgeplagten Körper eine Wohltat ist. Diese Powerfrau wird es schon richten, eine gute Seele von Mensch, aber in nichts zu stoppen. Gabi das Gegenteil, ein ruhender Pol für mich und eine liebe Freundin.

Der Abbau war für mich ein Kraftakt, da mein Akku auf Null war und es übers Wochenende geschneit hatte. Nach einem herzlichen Verabschieden von „meinen Autorenkollegen" trat ich voll beladen den Fußmarsch zum Auto an, aber glücklich und zufrieden.

Die nächste Buchmesse ist geplant. Nur werde ich dann darauf achten, nicht wieder über meine Grenzen zugehen! Die Tatsache, dass ich einfach nicht mehr so belastbar bin wie früher oder vor zwei Jahren, vergesse ich doch immer wieder.

Entscheidungen

Den Anstoß zu diesem Kapitel gab mir eine Wohnungsbesichtigung und die Entscheidung, sie zu mieten. Nach langen Gesprächen mit meinen Kindern, Nachbarn, die unterhalb der Wohnung wohnen und unsere Freunde sind, sowie dem finanziellen Aspekt - ich entschied mich schweren Herzens dagegen.

Ein sehr wichtiger Faktor, um Lebensfreude zu erlangen, ist meiner Meinung nach die Fähigkeit, sich zu entscheiden und das zum richtigen Zeitpunkt. Aber viele Menschen haben Angst, sich falsch zu entscheiden. Deswegen halten sie an etwas fest, an einer Situation, die ihnen im Grunde genommen nicht gefällt. Weil sie nicht zu ihrer Entscheidung stehen wollen oder vielleicht auch, um einem anderen Menschen einen Gefallen zu tun.

Klug wäre es natürlich, sich an dem zu orientieren, wovon man überzeugt ist und was man wirklich will. Es sollte tief aus dem Innern kommen. Menschen mit einem geringen Selbstwertgefühl gehen oft keine Risiken ein, sie entscheiden sehr wenig oder gar nicht und lassen andere für sich entscheiden. Menschen mit einem „gesunden" Selbstwertgefühl entscheiden sehr viel, aber wissen auch, dass manche Entscheidungen nicht richtig waren. Aber sie stehen dazu.

Dazu möchte ich einige Beispiele erzählen aus meinem Leben. Denn eigentlich war ich ein guter Entscheider vor meiner Erkrankung. Zu den Entscheidungen, die sich in den letzten Jahren als falsch herausgestellt haben, stehe ich. Auch wenn ich einige bereue und sie gerne streichen würde. Sie haben mich Kraft und wertvolle Zeit gekostet.

Meine Tochter hatte in ihren ersten zwei Lebensjahren vier Hüftoperationen, dazu kam ihre Asthmaerkrankung. Als die Impfungen anstanden, habe ich mich über evtl. Impffolgen und -schäden informiert, da sie gesundheitlich angegriffen war und nicht die beste Konstitution hatte. Ich habe sie dann nicht gegen alles impfen lassen (meinen Sohn auch nicht), heute erst recht nicht und dazu stehe ich. Ich bin überzeugt, die richtige Entscheidung getroffen zu haben, auch wenn mancher Arzt in den letzten Jahren mir dies ausreden wollte und sich über meine Entscheidung echauffiert hat.

Die vier Hüftoperationen und die etlichen asthmatischen Behandlungen waren die richtige Entscheidung. Ich bin eine unbequeme Mutter und Patientin für sämtliche Ärzte egal welcher Fachrichtung, da ich mich vorher genauestens informiere und dann mitdiskutiere.

Auch der Hausverkauf nach dem Auszug meines geschiedenen Mannes und meine Verweigerung, von seinen Eltern einen monatlichen Scheck für absolute Anpassung anzunehmen, waren richtig. Ich hätte mich in eine Abhängigkeit begeben und mein Leben und das der Kinder wären fremd gesteuert gewesen. Es ist gut so, wie es ist.

Erst in den letzten zwei Jahren fiel es mir doch in manchen Lebenssituationen schwerer, die richtige Entscheidung zu treffen. Die Alternativen entsprachen nicht dem, was ich im tiefsten Innern fühlte. Viele Menschen meinen, sie müssen immer alles 100 % richtig entscheiden, um glücklich zu sein. Diese Perfektion hemmt und macht einsam. Das Selbstwertgefühl versteckt sich hinter einer Fassade.

Ich finde, man sollte nicht mit seinen Schwächen hadern. Jeder Mensch hat seine Stärken und man sollte aufhören, sich mit anderen zu vergleichen. Ich habe eine Freundin, die powert nur so durchs Leben. Gerne nehme ich in meinen entscheidungsunfähigen Zeiten ihre Hilfe an. Umgekehrt genauso, auch wenn dies seltener vorkommt.

Die eigenen Schwächen kann man auch als Chance sehen, neue Wege zu gehen und mit anderen Menschen zu kooperieren. Natürlich ist alles nicht so einfach, wie es oft geschrieben steht. Wenn man eine Entscheidung treffen soll, ist eine Möglichkeit sich zu fragen, ob sie mich und die Menschen um mich herum glücklich macht oder ob man wirklich mit allen möglichen Folgen einverstanden ist.

Die Suche nach einer Wohnung hemmt mich oft durch die Angst, ob ich den Umzug und die räumliche Veränderung verkrafte. Ich stehe zu dieser Schwäche, denn eine falsche Entscheidung wäre vielleicht fatal. Ich fühle mich zurzeit psychisch besser, aber körperlich durch die MS nicht sehr gut. Also lasse ich mir Zeit. Ich weiß, es wird der richtige Zeitpunkt kommen und dann werde ich eine Entscheidung aus dem Inneren treffen.

Einen Punkt in meinem Alltag, um Entscheidungen zu treffen, bekomme ich schwer in den Griff.

Die Situation ist folgende: Wir haben uns zu einem Besuch bei meiner Freundin in Pforzheim verabredet. Ich stehe morgens auf und ich habe Angst, das Haus zu verlassen und mit dem Auto eine für mich, lange Strecke zu fahren. Letzten Winter brachte ich es tatsächlich fertig anzurufen und abzusagen, um fünf Minuten später wieder zuzusagen, dann wieder abzusagen und am Ende waren ihr Mann und meine Tochter total entnervt. Ich konnte sie vollkommen verstehen, doch war ich so in Panik, dass ich einfach nicht die richtige Entscheidung treffen konnte. Vor lauter Angst vor ihrem Unmut bin ich dann doch mit meiner Tochter gefahren. Im Zug, denn Auto fahren konnte ich nicht, bereute ich meine Entscheidung, doch gefahren zu sein. Erst in Pforzheim als ich Susanne sah, beruhigte ich mich und war doch so froh, bei ihr und ihrer Familie zu sein. An dieser Stelle danke ich euch Dreien aus tiefstem Herzen, besonders dir liebe Susanne!

Zum Glück haben solche Situationen Seltenheitswert. Aber Feste und eventuelle Aktivitäten muss ich längere Zeit planen und mich mit dem Gedanken erst anfreunden. Ich hoffe, dies wieder in den Griff zu bekommen, denn mein Selbstwertgefühl schwindet. Komischerweise hatte ich solche schrecklichen Anwandlungen nicht vor meinem Klosterbesuch oder der Kurzreise nach Wien, auch nicht vor unserem Sommerurlaub oder der Buchmesse. Anscheinend bin ich dann mit so vielen Dingen beschäftigt, dass ich keine Zeit über Ängste oder falsche und richtige Entscheidungen nachdenken kann.

Die MS und die Depression machen mir das Leben verdammt schwer, aber ich lasse mich von beiden Krankheiten nicht von meinem Weg abhalten.

Es gibt Momente im Leben
da musst du eine Entscheidung
treffen
von der du weißt,
dass sie mit all ihren Konsequenzen
deine ganze Kraft in Anspruch
nehmen wird.

Du triffst sie, und eines Tages
schaust du darauf zurück und weißt,
dass du es richtig gemacht hast
und
stolz sein kannst!

Alle Jahre wieder...

Noch sechsunddreißig Tage bis Weihnachten und die Diskussionen über den Kauf des Tannenbaums und das Festmenü an Heiligabend sind in vollem Gang. Dieses Jahr stellt sich die Frage für uns: „Künstlicher oder Naturbaum?" Meine Tochter hatte die „netten" Bemerkungen für mich: „Kauf doch einen Plastikbaum, denn wenn wir nicht mehr bei dir leben, haben wir vielleicht keine Zeit, dir einen Naturbaum zu besorgen. Außerdem bist du vielleicht mal so gehandicapt, dass es pflegeleichter für dich ist. „Erstens findet sich immer jemand, der mir einen schönen, kleinen natürlichen Baum bringen wird", antwortete ich, „und zweitens wird der Zustand der absoluten Hilflosigkeit hoffentlich nie eintreffen, liebe Tochter". Ich lasse die Worte an mir abprallen und werde mich mit dem Thema höchstpersönlich und alleine die nächste Woche im Baumarkt auseinandersetzen.

Das Schmücken des Tannenbaums zwei Tage vor Heiligabend war schnell gelöst, denn ein Jahr schmücke ich den Baum und das darauffolgende Jahr meine Kinder. In meiner Kindheit schmückte man den Baum schon zwei Tage vorher nach französischer Tradition und überhaupt hatte nur meine Mutter das große Privileg. Zum Glück habe ich dieses Jahr die Ehre und kann mich mit meinen traditionellen roten Kugeln und den Holzfiguren austoben. Kein Lametta!

Das Aufstellen des Tannenbaums oder „O Tannenbaum"!

Da kann ich ein Lied singen, nicht nur von künstlichen Baumdiskussionen. Der Ort des Geschehens bzw. die Aufführung findet alljährlich im Wohnzimmer statt, nachdem der Kauf und der Transport schon ein Kraftakt war. Zwei Wochen lang steht er in einem mit Wasser gefüllten Eimer auf dem Balkon und die Temperaturen sind unter dem Nullpunkt. Wie jedes Jahr koche ich Wasser, um den Baum aus dem Eimer zu bekommen, und zerschlage das Eis mit einer Axt. Und jedes Mal schwöre ich mir, den Baum rechtzeitig vor dem Gefrieren in Sicherheit zu bringen. Vergebens, das Jahr ist zu lang!

Zurück ins Wohnzimmer. Die Kinder sind nun kräftig genug, um mit anzupacken, und doch gelingt es uns nie, den Baum so mit den Flügelschrauben zu fixieren, dass er senkrecht im Ständer steht. Wir tänzeln um den Tannenbaum, unsere Stimmen werden lauter und emotionaler und die Frage stellt sich, wer wohl der Schuldige war und es gibt einen neuen Versuch. Der dritte Anlauf gelingt immer! Im Hintergrund läuft „O du fröhliche" und wir sinken fix und fertig, aber zufrieden, ein wenig erhitzt auf die Coach. „O Tannenbaum", wie schön sind deine Blätter!" Das Ende des Lieds? Dasselbe wie damals: Die ganze Familie sitzt entkräftet, aber zufrieden im Wohnzimmer und lacht.

Weihnachten ist nicht nur das Fest der Liebe, sondern auch das Fest der Krisen. Auslöser sind oft zu hohe Ansprüche, zu viele Pläne, unterschiedliche Ansichten und der Druck, dass alles perfekt sein muss. Auf Knopfdruck soll Besinnlichkeit, Entspannung und Freude aufkommen. Aber was das ganze Jahr über nicht funktioniert, klappt an Weihnachten noch weniger. Also weg vom Perfektionismus und dem selbst auferlegten Erfolgsdruck. Es muss nicht alles reibungslos funktionieren und manche Missgeschicke lassen sich einfach weg lachen. Einerseits ist alles ganz einfach, wenn da nur nicht das Anderseits wäre.

Am meisten liebe ich die Adventszeit, sie ist unbeschwert und harmonisch mit den Kindern. Wir durchstöbern schon Mitte November die Backbücher und jeder darf sich seine Lieblingsplätzchen wünschen. Vor dem ersten Advent backen wir das erste Mal, meine Tochter und ich mit vehementer Standhaftigkeit, mein Sohn klinkt sich aufgrund verstärkter Frauenpräsenz frühzeitig aus. Ich denke eher aus Faulheit. Alle Jahre gibt es Spritzgebäck, verarbeitet mit dem uralten Fleischwolf meiner Oma. Kindheitserinnerungen erwachen in mir. Die Vorfreude auf das Christkind, meine Oma, der

Duft der Adventszeit und Weihnachtsgeschichten, die ich als Kind von einer Nachbarin erzählt bekam. Zurück zum Gebäck. An Kalorien darf ich gar nicht denken, denn kurz vor Weihnachten nasche ich alleine aus der großen Keksdose, die Kinder sind Gebäck müde und denken an Ostern.

Wünsche für Geschenke werden schon im September von meiner Mutter geäußert, in einem Monat, wo Weihnachten für mich wie ein Fremdwort klingt. Sie ist jedes Jahr die Erste, der ich ein Geschenk kaufe. Praktisch, denn das Bankguthaben ist noch im schwarzen Bereich. In diesem Jahr schreibt mein Sohn zum ersten Mal keinen Wunschzettel mehr. Bei meiner noch so bettelnden Frage „Glaubst du wirklich nicht mehr an das Christkind?", schüttelt er mitleidig über mich den Kopf. Er ist nun auch „erwachsen" geworden. Noch letztes Jahr haben wir abends seinen Wunschzettel mit einer Kerze vors Fenster gestellt und am nächsten Morgen war er weg. Das Christkind hat alle Zettel der Kinder in der Nacht eingesammelt. Wie wunderbar haben die Augen meiner zwei Liebsten gestrahlt. Und meine auch.

Der Wunsch nach Harmonie ist gerade an Weihnachten besonders stark ausgeprägt. Doch dabei erreicht man oft das Gegenteil. Auch während der Feiertage sollte sich jeder zurückziehen dürfen, der seine Ruhe haben möchte. Man muss nicht immer alles zusammen machen. Wenn man spürt, dass man zu sehr aufeinander hängt, tut ein kleiner Spaziergang gut. Man geht Zoff aus dem Weg und verdaut gleichzeitig das viele gute Essen.

Wann wo gefeiert wird, bietet alle Jahre wieder Anlass zu Diskussionen. Ebenso wenn es um das Menü der Festtage geht. In meiner Familie wird im Wechsel gefeiert, einmal bei uns Drei und das nächste Jahr bei meinen Eltern. Weihnachten ist eben auch das Fest der Kompromisse. Und zum ersten Mal diskutierten wir nicht tagelang den Menüplan rauf und runter, sondern ich entscheide das Heiligabendmenü, da bei uns gefeiert wird und meine Mutter bekocht uns am ersten Feiertag nach ihren Ideen. Am zweiten Feiertag müssen meine Kinder zu ihrem Vater, der Staat sieht es so vor.

Jedes Jahr kommt Weihnachten für viele Menschen plötzlich und überraschend und Hektik bricht aus. Viele haben ja am 23. Dezember noch nicht alle Geschenke und raufen sich die Haare. Nun, ich lehne mich gelassen zurück, wir schreiben den 4. Dezember und ich habe alle Geschenke beisammen, die Zimmer sind weihnachtlich dekoriert und fast alle Plätzchen gebacken. Aber in der Stadt treffe ich ständig auf bekannte Gesichter, die mich verstört und ratsuchend anschauen. Anscheinend sind die Wünsche zu ausgefallen oder die Schenkenden sind fantasielos.

Weihnachten ist auch das Fest der Rituale. An Heiligabend wird ausgeschlafen, denn der Kühlschrank ist voll, nur das frische Baguette muss noch besorgt werden. Traditionell gibt es zum Mittagessen eine selbstgemachte Nudelsuppe und wir schauen uns „Drei Nüsse für Aschenbrödel" an. Ein kleiner Spaziergang um den Block und dann ab ins Bad, um sich festlich raus zu putzen. Gegen Abend, wenn es dämmert die Bescherung und anschließend unser Festmenü, um gegen 22.00 Uhr gemeinsam zur Christmette zu gehen. Meine beiden Kinder dienen in der Messe und sind zu Hause reif fürs Bett.

Und alle Jahre wieder sitze ich dann alleine mit einem Glas Wein oder Sekt samt Plätzchen vorm Tannenbaum, höre mir alleine „Stille Nacht" an und der Vorweihnachtsstress fällt von mir ab!

24. Dezember 2010

Die Weihnachtskarte meiner Tochter entschädigt mich für vieles:

Liebe Mama,

ich wünsche dir ein
frohes Fest und
viele Geschenke!

Liebe, Schnee und Gebäck,
hat das Christkind für dich im Gepäck.

Deine Sarah.

Wieder ein offenes Ende!

Ich schließe das Buch und das Ende bleibt wieder offen. Noch kann ich es nicht fassen, dass die Monate des Schreibens vorbei sind. Denn es räumt meine Seele auf und ich reflektiere Vergangenes noch einmal. Es hat mir gut getan und ich weiß, dass ich doch viele richtige Entscheidungen getroffen habe. Manche schmerzen noch, andere sind verarbeitet.

Auch in diesem Buch habe ich nichts beschönigt, sondern mein Leben mit der Krankheit Multiple Sklerose so erzählt, wie es passiert ist und meine Gedanken und Ansichten. Hinzu kam die Geschichte mit meiner Depression. Ich wünsche mir so sehr, dass man beide Krankheiten akzeptiert. Depressiven Menschen sieht man äußerlich nichts an, aber der psychische Leidensdruck ist oft größer als sichtbare Behinderungen durch die MS. Ich würde mir wünschen, dass die Menschen mich ernst nehmen, mir zuhören und hinter die Krankheit sehen würden. Dann sehen sie mich mit meiner Persönlichkeit, meine Erwartungen und Träume, meine Ansichten und Erfolge. Nicht alle müssen mich mögen, nur ich muss mir selbst gerecht werden. Mein Handeln und Tun muss sich für mich richtig anfühlen. Für niemanden lohnt es sich, sich endlos zu verbiegen. Ich werde meinen teils steinigen Weg weitergehen ohne Kampf gegen die MS. Ich habe mein Inneres, mein Anders-Sein akzeptiert, so lebe ich in Ruhe und Frieden mit mir selbst. Gegen mein Schicksal und die tausend Gesichter werde ich nicht mehr kämpfen. Es nimmt mir die Kraft für Wichtigeres und Schöneres im Leben.

Momentan halte ich an der Infusionstherapie fest, man weiß ja nicht was die Forschung noch für Überraschungen bietet. Versuchen werde ich nicht alles, nur das wobei ich ein überzeugendes, gutes Gefühl habe. Ich hoffe auf einen Stillstand meiner Erkrankung und eine Verbannung der Depression aus meinem Leben. Zum Glück kennt niemand seinen Lebensweg und somit wird er jeden Tag zur Herausforderung.

Ich wünsche mir Kraft und Lebensfreude, hoffe auf eine lange Zeit der Stabilität, um nicht so schnell den Gipfel dieser Erkrankung zu erreichen.

Caroline Régnard-Mayer
Januar 2011

Die Schutzengel unseres Lebens
fliegen manchmal so hoch,

dass wir sie nicht mehr sehen können,

doch sie verlieren uns niemals
aus den Augen.

(Jean Paul)

Was mir noch am Herzen liegt, kommt wieder zum Schluss!

DANKE

… meinen besten Freunden für ihre Geduld und Fürsorge.

… meinen Kindern für ihre Liebe und absolutes Verständnis in manch schwierigen Situationen.

… meinen Eltern und meinem Bruder für ihren Einsatz, Geduld und ihre Liebe.

… Katja Konrad, Jutta Renker, Maggie Bentin, Martin, Schorsch, Beate Ruffer, Bettina „Bett", Susanne Weiss, Birgit Heid, Moni Später, Monika „Isabella Rossi", Christina und Steffen Bauer für ihre Freundschaft und Hilfe.

… meinem Neurologen Dr. Ehrhardt und seinem netten Team, ich schätze sie sehr!

… Ärzte und Pflegediensten der Neuro-1 des Pfalzklinikums in Klingenmünster für offene Gespräche, Betreuung und das Mutmachen.

… meinen freundschaftlichen „Lektoren" Birgit Heid (Autorin) und Volker Damian (Autor) für unzählige Stunden des Korrekturlesens.

… meinen Leserinnen und Lesern!

Drittes Buch

MS – Meine Sonne

Warum nicht einmal positiv denken!?

Vorwort

Warum ein drittes Buch? Aller guten Dinge sind drei oder Frauenpower als Trilogie!? Was zu Beginn des Schreibens zur Krankheitsbewältigung diente, fügen sich Gedanken, Gefühle und Erlebtes heute zu Worten und Sätzen. Für mich war die Sache mit den ersten beiden Büchern einfach nicht abgeschlossen und mit diesem dritten und letzten Buch schließe ich endgültig die „Frauenpower"-Reihe. Für mich Wichtiges fügte ich hinzu, änderte hier und da bei den Kapiteln in Teil eins und zwei, Details. Gastautoren, von denen ich dachte, sie wären Freunde, strich ich, so wie sie mich aus ihrem Leben verbannt hatten. Ich bin niemandem böse, nicht jeder kann mit einer lahmen Ente, zu der ich nun mutiert bin, die bei jeder Gelegenheit überfordert ist und dann nicht laufen kann, wenn ein Ausflug geplant ist, Termine vergisst und mittags regelmäßig ihr Nickerchen machen muss, umgehen. Viele Menschen können mit anders gesunden und gehandicapten Menschen wenig anfangen, aber für mich war irgendwann klar, dass ich mich schützen und einfach ein ruhigeres Leben führen muss, um die MS in Schach zu halten. Ich beendete die Arbeit im Schulelternbeirat und verließ den Kirchengemeinderat. Ich wurde zum Nein-Sager!

Als weiteres Hobby zum Schreiben stricke ich seit ein paar Monaten, um meine Feinmotorik zu verbessern, und meine Familie läuft mit selbstgestrickten, bunten Socken durch die Welt. Seit einem Jahr bin ich im Leitungsteam der MS-Selbsthilfegruppe Landau. Wir gehören zum DMSG-Landesverband Rheinland-Pfalz. Außer den regelmäßigen Treffen schreibe ich für unseren Newsletter, regionale Treffen und Workshops finden statt und Referenten müssen gesucht werden. Eine MS-SHG für Angehörige planen wir gerade. Letztes Jahr habe ich alleine ein Rollstuhltraining hier in Landau organisiert, Seminarleiter war Herr Florian Schlegel aus der Reha-Klinik „Quellenhof", Bad Wildbad. Es war eine lange Planung und Organisation notwendig, die mich oft an meine Grenzen brachte. Aber es hatte sich gelohnt, fünf Selbsthilfegruppen aus Landau,

Worms, Speyer, Annweiler und Haßloch waren dabei. Außer den vielen wertvollen Infos und Tipps war es ein lustiger, entspannter Tag.

Die Abende zu Hause gehören mir alleine oder mit den Kindern. Einmal die Woche gönne ich mir einen Abend mit Feldenkrais. An den Wochenenden unternehme ich meistens spontan etwas je nach Lust und Laune meiner Person und Madame MS. Es wurde sehr viel ruhiger in meinem Leben, aber auf keinen Fall langweiliger.

So, und nun fragen sie sich, ob ich nun fertig bin mit meinen autorischen Ausflügen? Wir werden sehen…

Meine Bücher sollen Mut machen und Hoffnung, kein Trübsal verbreiten, denn dunkle Stunden haben wir nun alle, doch sich zurückziehen, ist der falsche Weg. Genau wie mein falscher Weg zu Beginn der Krankheit war, mich ständig zu übernehmen und nicht akzeptieren zu wollen. Es hat fast 5 Jahre gedauert, gefangen zwischen Hoffen und Bangen, Zweifeln und Existenzängsten, Unrast und Überanstrengungen, die für mich richtige Lebensweise zu finden und zu erkennen, dass man auch ein ausgefülltes und zufriedenes Leben mit einer chronischen Erkrankung führen kann. Ich fühle mich heute ausgeglichen und allem gewachsen. Ich denke, es ist wichtig, sich mit netten und ehrlichen Freunden und Menschen auszutauschen und zu treffen, vor allem neue Aufgaben zu finden, die Spaß machen. Ich habe in der Reha einen jungen Mann getroffen, der schon immer gerne tanzte. Da sein Verlauf primär progredient ist und er relativ schnell auf Hilfsmittel angewiesen war, begann er schon früh mit dem Rollstuhl Tanzen und beherrscht nun sein Hobby meisterhaft mit viel Spaß und Ehrgeiz. Mit solchen Menschen, wie Michael, tausche ich mich heute sehr gerne aus, ab und zu treffen wir uns trotz weiterer Entfernung und sie sind ein Vorbild für mich: „Das Beste aus einer Erkrankung, wie der MS, zu machen und dabei seine Lebensfreude nicht zu verlieren!“

Am Ende meines Buchs „Mademoiselle klopft an meine Tür!“ schreibe ich etwas Wichtiges über meine Depression (genannt als

Mademoiselle) und den Umgang mit ihr bzw. wie ich diese Erkrankung sehe:

„Ihre Mademoiselle wird sie auch irgendwann wieder verlassen, aber seien sie geduldig und nützen sie diese Krisenzeit. Ein alter Mann sagte mir vor Jahren, als ich die Diagnose Multiple Sklerose erhielt: „In jedem negativen Erlebnis oder einer negativen Lebenserfahrung findet man noch etwas Positives!" Damals verstand ich ihn nicht und erklärte ihn als verrückt. Heute, neun Jahre später, kann ich seine Aussage bestätigen, auch wenn es manchmal schmerzt und die Suche nach dem Positiven schier unmöglich erscheint."

Die MS hat mich oft gebeutelt und das „Laufen" lernen war nicht leicht, aber mit gewissen Einschränkungen kann ich die Krankheit nun leichter annehmen, auch wenn ich wie letzte Woche von ca. 500 Personen im Theater mitten in der Vorstellung als einzige auf die Toilette musste. Ich nehme es gelassen, wenn hinter mir gemeckert wird.

So sehe ich auch meine MS, die schlechten Tage genauso zu akzeptieren wie die guten, immer das zu tun, was gut tut, und notfalls Termine abzusagen, wenn ein oder zwei Ruhetage notwendig sind. Dann lege ich mich nochmals hin, wenn die Kinder in der Schule sind, gehe an den PC oder lese ein gutes Buch. Ein schlechtes Gewissen habe ich schon lange nicht mehr. Es ist gut so wie es ist! Basta, würde Mamsell sagen und uns einen Espresso machen.

Während des Schreibens wurde mir klar, dass ich die kleinsten Glückseligkeiten in meinem Alltag, die ich als Gesunde geflissentlich übersah, nun genieße. Am Ende des Buchs schreibe ich ein Gedicht über „Meine freundliche MS!". Die Krankheit wurde ein Wegbegleiter, kein Gegner, den man bekämpfen muss. Es gibt so viele Dinge, die hätte ich niemals vor der MS umgesetzt oder gesehen. Meine Mademoiselle, Madame MS und ich sind kein Dreamteam, aber wir haben unsere Achterbahnfahrten wie jede Freundschaft. Ich akzeptiere nicht bedingungslose beide Grande Damen, aber ich sehe sie mit anderen Augen, meine Sichtweise hat sich geändert, und wenn ich etwas nicht ändern kann, ändere ich meine Haltung. Sage Nein zu Situationen, die mir nicht gut tun, auch zu Menschen. Falle ich doch wieder ins alte Muster zurück, warnt mich mein Körper und ich höre auf meine innere Stimme, lasse los, was mir nicht gefällt.

Es war ein langer Weg der Akzeptanz, aber es hat sich gelohnt. Lese ich meine ersten Bücher erneut, dann war es die Mühe wert umzudenken und die Suche nach meinem richtigen Umgang mit Mademoiselle und Madame allemal eines der besten Dinge, die mir im Leben passiert sind! Diese positiven Erkenntnisse spiegeln meine Gedichte und Texte, so wie die Schübe ein Auf und Ab waren, so ist der chronische Verlauf ein fast ebener, geradliniger Weg.

Es wäre sehr schön, wenn ihnen meine Bücher gefallen haben, sie mein drittes Buch dazu bewegt, den Mut, ihr Schicksal anzunehmen, und ihren ganz persönlichen zufriedenen Weg zu finden. Besonders freue ich mich, wenn sie die Trilogie und alle anderen Bücher weiterempfehlen. Nehmen sie Kontakt mit mir auf oder besuchen sie meine Homepage.

Und nun, liebe Leser, kochen sie sich einen guten Kaffee oder einen duftenden Tee, machen sie es sich bequem, seien sie überrascht, was ich ihnen erzählen werde!

Caroline Régnard-Mayer
Februar 2013

Eigentlich hätten sie, liebe Leser, sich doch die ganzen vielen Seiten des Lesens ersparen können, denn hier kommt meine Super-Kurzfassung vom ersten und zweiten Buch! Aber nicht dass sie jetzt ihr Geld zurück wollen. Mamsell würde in solch einem Fall sagen: „Papperlapapp."

Seien sie gespannt, schauen sie hinter die Kulissen, lesen sie zwischen den Zeilen und wir werden uns alle auf der Bühne des Lebens treffen. Ob Drama oder Komödie, lustige Operette oder Comic, entscheiden sie selbst. Am Ende lesen sie diese Super-Kurzfassung nochmals durch und entscheiden sich für ihr eigenes Theaterstück.

Diagnose und Verlauf

Diagnose

Der Abgrund tut sich auf.
Ich stürze ins Bodenlose.
Schmerz in meiner Seele.
Aber das Leben fängt mich auf.
Meine Kinder.

Das Leben danach

Ich beweine mich, mein Leben.
Ich will nicht akzeptieren.
Ich will hassen.
Ich will zurück.
Ich will mein altes Leben.
Doch die Zeit heilt alle Wunden.

Das Leben geht weiter

Frauenpower
Das Schreiben beflügelt mich.
Räumt meine Seele auf.
Schubladen werden geöffnet.
Geleert und verarbeitet.
Schubladen werden geschlossen.
Das Leben geht weiter.

Verlauf

Die Berg- und Talfahrt beginnt.
Bitte anschnallen.
Zurücktreten vom Alltag des Lebens.
Einsteigen und Türen schließen.
Kortisoncocktail, welch Genuss.
Nebenwirkungen nicht zu bremsen.
Der Alltag fliegt am Fenster der Klinik vorbei.
Ich möchte aussteigen,
aber es gibt hier keine Haltestation.
Interferone und Copaxone steigen ein.
Keine amüsanten Mitreisenden.
Zum Glück steigen sie wieder aus.
Aber der nächste Mitreisende
Ein griesgrämiger Alter
Im Gepäck die PML.

Progredienz

Ich stelle Fragen.
Mal wieder.
Die Zeit spielte gegen mich.
Neue Wege zeigen sich.
Blaues Blut mit Mitox.
Schleichend abwärts.
Noch ist nichts verspielt,
aber wie schnell die Jahre verflogen.
Das Ende ist offen.

Das Leben vor und nach der Diagnose

Gegensätze

Ich laufe den Berg hinauf.
Die Sonne wärmt mein Gesicht.
Ich greife alles Alltägliche.
Ich sehe klar und deutlich die Welt.
Ich lebe, ohne zu denken an das Selbstverständliche.

Ich laufe nur zum Bergrand.
Regen und Gewitter ziehen auf.
Ich greife oft daneben, Tassen fallen zu Boden.
Ich sehe verwaschen und stolpere durch die Welt.
Ich lebe bewusst, dass nichts selbstverständlich ist auf Erden.

Ich schreibe mein jetziges Buch nicht in Gedicht- und Textform, weil ich meine Leser überraschen will oder irgendein Floh in meinem Kopf sitzt und meinen alten Stil ablegen möchte. Die Gedanken kamen mir so im Laufe der Monate und ich schrieb sie so im entsprechenden Moment nieder.

Die nächsten Zeilen hätte ich damals im Sommer 2011 nicht anders erzählen können, zu traurig war diese Zeit für meine Kinder und zu groß die Ängste und gemischten Gefühle meinem geschiedenen Mann gegenüber. Unsere Scheidung war Anfang 2003, seit September 2001 lebe ich mit meinen Kindern alleine. Jahre der Gerichte und Anwaltsschreiben, erbitterte Kämpfe um jeden Euro vom Mindestunterhalt, lagen hinter uns. Ich werde nie begreifen, dass man trotz Vermögen und so einer todbringenden Krankheit solch ein Verhalten seinen Kindern gegenüber einnimmt, aber ich hatte mit den Jahren auch gelernt, damit umzugehen, zu verdrängen und Hass und Unverständnis in relativ neutrales Denken und Empfinden umzuwandeln. Ich konnte leben mit der MS und meinen Kindern dabei zusehen, wie sie erwachsen werden. Er leider nicht. Diese schwere Zeit gehörte zu unserem Leben dazu.

Den Leidensweg vom Vater der Kinder kann ich nur so beschreiben:

Unheilbar krank

Aus Wochen wurden Jahre.
Die Seele schmerzt.
Hoffen und Bangen.
Wieder eine Zeitlang geschafft.
Wunder geschehen.
Doch nur auf Zeit.
Am Ende steht das Aus.

Vertane Jahre

Die Zeit lässt sich nicht anhalten.
Auch nicht zurückdrehen.
Kinder wollen geliebt werden.
Brauchen Schuh und Brot.
Unnütz Geschriebenes.
Böse Worte.
Trug und Betrug erkauft keine Liebe.
Kinderherzen verzeihen viel,
doch nur mit Liebe.
Die Jahre sind vertan
Und die Worte nicht gesagt.

Abschied

Abschied auf Raten.
Worte, die gesagt werden sollen,
bleiben nun unausgesprochen.
Hilflosigkeit macht sich breit.
Allein nun auf Ewigkeit.
Kindertränen wollen nicht versiegen.
Tröstende Worte finden nicht in die Herzen.
Wochen fliegen dahin
und der Tod rückt immer näher.

Sterben

Abschied für immer
Das Spiel ist aus.
Der Kampf verloren.
Worte hängen in der Luft.
Nicht in Frieden zum Herrn.
Der Tod ist erbarmungslos.
Kindertränen versiegen.
Kraftlos zu Boden.
Allein.

Wunschlos unglücklich

Wir wünschen uns so viel im Leben,
um glücklich zu sein.

Wir wollen hoch hinaus,
um glücklich zu sein.

Wir rennen nach vorne,
schauen nicht zurück,
um glücklich zu sein.

Wir treten mit Füßen und schlagen um uns,
um glücklich zu sein.

Wir wollen leben auf die Kosten anderer,
um glücklich zu sein.

Wir kaufen um die Wette,
konsumieren bis zum Erbrechen,
um glücklich zu sein.

Nichts ist uns zu teuer, nichts zu billig,
um glücklich zu sein.

Wir wollen geliebt werden und lieben ohne Sinn,
um glücklich zu sein.

Was wollen wir eigentlich,
um glücklich zu sein?

Wohin?

Wohin wird es uns verschlagen?
Aus Frust wurde Unachtsamkeit
Aus Unachtsamkeit wurde Unsicherheit
Aus Unsicherheit wurde der Alptraum geboren.

Der Albtraum ist da, er streckt nach mir mit eiskalten Händen,
im Nacken sitzt er, greift mich an und setzt mich schachmatt.

Aber Trübsal blasen ist nicht mein Ding!

Die MS rumort in meinem Innern, Synapsen geben Alarm,
nur jetzt die Nerven nicht verlieren, alles wird gut, rede ich mir ein.

Zahlen im Kopf, Telefonhörer in der Hand, gibt es denn keine Wohnung für uns?

Wohin wird es uns verschlagen?

Ich gebe nicht auf, es gibt für alles eine Lösung, auch wenn sie in weiter Ferne scheint.

Beine spielen verrückt, Ameisen haben sie erobert, aber noch halte ich sie in Schach.
Ich bete, der liebe Gott ist bei mir, auch wenn die Lösung noch geboren werden muss.

Ich atme auf, ein neuer Weg wird beschritten. Es wird uns zu neuen Ufern verschlagen.
Synapsen geben Entwarnung, aber sie sind auf der Lauer und flüstern mir ins Ohr:
Gib besser acht auf dich, das nächste Mal bist du dran!

Aus dem Albtraum bin ich erwacht, nicht gestärkt, sondern mit dem Gefühl, wieder auf dem Boden der Realität angekommen zu sein. Wie konnte ich nur unsere Wohnung kündigen, nur mit mündlicher Zusage ohne neuen Mietvertrag? Aber über mein impulsives Gemüt stolpere ich schon mein ganzes Leben, zwar ist die Landung mit den Jahren gedämpfter, aber Narben hinterlässt es allemal. Die MS steht neben mir und klagt mich an. Ich gebe ihr in allen Punkten Recht. Unachtsamkeit und Ungeduld werden nie belohnt. Ich bin wieder einmal mit einem blauen Auge davon gekommen. Ich denke über mich nach und bin nicht stolz, blicke nicht stolz zurück, sondern ängstlich. Denn ich bin zwar -anders gesund-[2], aber eben nicht gesund. Ich sehne mich nach Ruhe und Frieden, aber mache mir selbst den meisten Stress. Zum Glück sind liebe Freunde und meine geduldigen Kinder an meiner Seite, deren Nerven ich manchmal strapaziere. Verzeiht mir!

---

[2] nach dem Buch: „anders gesund. Macht Stark“ von Jens Hauk, ISBN 978-3-86268-141-9

Neuigkeiten von der MS-Front

Im September 2012 referierte Herr Dr. med. Wolf Esser, leitender Oberarzt der neurologischen Klinik im Städt. Klinikum Karlsruhe, über neue Therapiemöglichkeiten (Eskalationstherapie) der Multiplen Sklerose. Mit meinen eigenen Worten werde ich die wichtigsten und interessantesten Informationen wiedergeben. Noch sind alle Daten und Informationen auf dem neuesten medizinischen Stand! Weitere und ausführliche Informationen können sie jederzeit auf der Homepage der DMSG (Deutschen Multiplen Sklerose Gesellschaft) nachlesen. Was heute aktuell ist, kann morgen schon überholt sein. Aus diesem Grund habe ich den Monat des Vortrages erwähnt.

Über die *Basistherapie (Langzeittherapien)* schrieb ich schon selbst einiges, aber wie sie wissen nur über das *Betaferon* und *Copaxone*. Wissenswertes und Details über die beiden Interferone *Rebif 22 und 44*, ebenso das Interferon Avonex, müssen sie sich selbst informieren. Es würde hier den Rahmen sprengen und mein Buch handelt auch nur von meinen Erfahrungen und Medikamente, die ich selbst ausprobiert habe. Es ersetzt in keiner Weise medizinische Fachliteratur.

Dr. Esser: Wenn trotz Basistherapie die Schubrate nicht reduziert werden kann, Symptome sich nicht mehr zurückbilden, remittieren, wenn also eine besonders aggressiv verlaufende MS vorliegt, wendete man in den meisten Fälle die *Eskalations-therapie* an. Hier stehen zum heutigen Zeitpunkt nur zwei Medikamente zur Verfügung. *Tysabri* und *Gilenya.* In der Medikamentenpipeline werden für das Jahr 2013 mehrere neue Präparate erwartet. Die meisten befinden sich in der Phase-III, wie z.B. die Fumarsäure...

Tysabri, Wirkstoff Natalizumab, ist ein humanisierter monoklonaler Antikörper, der das Eindringen von Lymphozyten ins Gehirn verhindert. Der Wirkstoff steht seit 2006 zur Verfügung und wird alle 4 Wochen per Infusion verabreicht. Die Infusionszeit beträgt ein bis zwei Stunden und wegen Überempfindlichkeitsreaktionen sollte man eine Stunde danach zur Beobachtung in der Praxis verbleiben. Ca. 130.000 MS-Betroffene weltweit infundieren Tysabri. Die Schubreduktion beträgt ca. 68% gegenüber den Interferonen und Copaxone, die nur eine Reduktion von 29-34% aufweisen. Gilenya hat eine Schubreduktion von ca. 54%. Die Reduktion der Behinderungsprogression (jeder 10. Patient in 2 Jahren) liegt bei Interferonen 24-37%, Gilenya 37% und Tysabri 54%.

Bekommt man trotz Tysabri einen Schub, kann dieser unbedenklich mit Steroiden behandelt werden.

Tysabri ist zurzeit das bestwirksamste Medikament auf dem Markt, was die Schubratenreduktion betrifft. Was die Nebenwirkungen betrifft, so steht dies auf einem anderen Blatt. Deswegen sollte man zuerst ein Interferon oder das Copaxone ausprobieren.

Bei einem von vier Patienten unter Tysabri verbessert sich sein Verlauf, d.h. weniger Schübe oder gar keine.

Als Nebenwirkungen werden aufgeführt: Müdigkeit, allergische Reaktionen, Anaphylaxie, Leberwerterhöhung und als schwerste, aber seltene Nebenwirkung ist die gefürchtete progressive multifokale Leukenzephalopathie (PML). Die PML ist eine schwere Gehirninfektion und führt zu einer Funktionsstörung im Zentralnervensystem (ZNS) innerhalb von Tagen und ist zu Beginn schwierig von einem MS-Schub abzugrenzen. Es kommt zu einer Reaktivierung einer Virusinfektion und kann eine lebensbedrohliche Erkrankung werden. Die PML kann zu schweren Behinderungen und sogar zum Tod führen. Die Erkrankung des ZNS tritt durch eine schwere Abwehrschwäche z.B. AIDS oder nach der Gabe von *Immunsuppressiva* z.B. Mitoxantron, Cyclosphosphamid, Azathioprin u.a. auf.

Auslöser für eine PML ist der JC-Virus, ein Polyomavirus. Weltweit sind 85% der Erwachsenen mit dem JC-Virus infiziert, in Deutschland mehr als die Hälfte der Bevölkerung, Infektion meist

im Kindesalter. Die Übertragung des Virus erfolgt vermutlich über den Rachenraum oder neuere Hinweise eventuell eine fäkal-orale Übertragung. Eine PML entsteht bei immungeschwächten Personen, auch ohne Multiple Sklerose, und man vermutet eine Reaktivierung des Virus, der zu einer Einwanderung in die Nervenzellen (Oligodendrozyten) des ZNS führt, somit die Blut-Hirn-Schranke überwindet.
http://de.wikipedia.org/wiki/JC-Virus, 08.01.2013

(Weitere Informationen unter: www.smyelin.de oder wikepedia.org/wiki/Tysabri oder dmsg.de)

Dr. Esser: **Gilenya**, Wirkstoff Fingolimod, ist ein Sphingosin-Rezeptor aus der Gruppe der selektiven Immunsuppressiva. Fingolimod hilft das Immunsystem gegen Angriffe des Immunsystems zu schützen, indem es Lymphozyten (weiße Blutkörperchen) hindert, das Gehirn und Rückenmark zu befallen. Somit können Nervenschädigungen begrenzt werden. Ca. 20.000 Patienten nehmen dieses Medikament als Hartkapsel oral einmal am Tag ein seit Markteinführung Anfang 2011.

Als Nebenwirkungen werden aufgeführt: Verlangsamung des Pulsschlags, Veränderungen am Herzen, Verringerung der weißen Blutkörperchen (insbesondere der Lymphozyten), kann Infektionen begünstigen, Flüssigkeitsansammlung im Auge etc.

Bei schweren Leber- oder Lungenerkrankungen, einer aktiven Krebserkrankung, wenn ihre Immunabwehr geschwächt ist oder sie eine Herz-Kreislauferkrankung haben, darf Gilenya nicht verabreicht werden. Besondere Vorsicht ist erforderlich bei Herzrhythmusstörungen, Herzproblemen, wenn sie noch nie an Windpocken erkrankt waren, Augenerkrankungen z.B. Makulaödem (auch Augenprobleme bei Diabetes), Leberproblemen und hohem Blutdruck. Weitere Auflistungen wurden von Dr. Esser nicht gemacht, aber durch Recherche über Gilenya las ich noch viele Hinweise und Vorsichtsmaßnahmen, die sie bitte ihren Neurologen fragen. Es sei nur nochmals hier erwähnt, dass Gilenya als Eskalationstherapie in Frage kommt und wenn die Basistherapie versagt hat bzw. eine hochaktive MS vorliegt. Ebenso wie bei Tysabri wird die Schubrate und Behinderungsprogression reduziert.

Wenn unter einer Eskalationstherapie gute Erfolge erzielt werden, kann die Therapie in manchen Fällen deeskaliert werden, d.h. man wird wieder auf eine Basistherapie umgestellt.

Ein weiteres Medikament erwähnte Dr. Esser und zwar **Ralenova**, Wirkstoff Mitoxantron.

Es wird bei einer schubförmigen MS mit rascher Progredienz (voranschreitend) und bei einer sekundär chronischen MS verabreicht. Mitoxantron ist ein Anthracenderivat und wird als Immunsuppressivum in der Behandlung der MS eingesetzt und als Zytostatikum in der Krebstherapie angewandt. In der MS-Therapie wird es seit 2003 eingesetzt und reduziert die Schubrate, außerdem die Krankheitsprogression um ca. 30%.

Ralenova wird per Infusionen alle 12 Wochen stationär verabreicht und die Gaben bzw. die Maximaldosis im Leben eines MS-Patienten richten sich nach Körpergröße und -gewicht. Zurzeit beträgt die Lebensdosis 140mg.

Auch bei diesem Medikament können leichte bis schwere Nebenwirkungen auftreten: Übelkeit, Schwindel, Haarausfall, Blutbild-Veränderungen bis hin zur Leukämie, hormonelle Probleme, Herzschädigungen, erhöhte Infektanfälligkeit, Schleimhautschädigungen.

Fazit seines Vortrags: Die MS-Therapie sollte so früh als möglich beginnen, eventuell direkt nach Diagnosestellung, da die Erkrankung oft schon Jahre im Patient geschlummert hat. Denn Ziel der Therapie ist die Verringerung der Schubrate und Krankheitsprogression. Die Basistherapie gilt als sicher und wirksam mit wenigen Nebenwirkungen, zumindest keine lebensbedrohlichen, und somit gilt es auch, die spezifischen Risiken der Eskalationstherapie teils oder ganz zu vermeiden.

Folgendes Medikamente ist zurzeit in der Warte-Pipeline: (Stand: 11/2013)
Fumarsäure für die SRMS , orales Medikament, ab Frühjahr 2014 auf dem europäischen Markt.

Ocrelizumab für die SRMS noch in der Phase-II-Studie, intravenös (Infusionen).

Siponimod für die sek. chron. MS noch in der Phase-III-Studie

!! **Teriflunomid** (Aubagir®) für die SRMS zugelassen seit Sommer 2013, orales Medikament, weitere Info´s beim Neurologen.
!! **Alemtuzumab** (Lemtrada®) für die SRMS auch seit Sommer 2013 zugelassen, Infusionen, weitere Info´s beim Neurologen.

Da ich seit 2011 nun sekundär chronisch progredient bin, kommt nur noch das Medikament Mitoxantron in Frage. Tysabri habe ich im Mai 2011 absetzen müssen bzw. ich war ebenso von der Wirksamkeit seit ein paar Monaten vorher nicht mehr überzeugt. Man kennt seinen Körper am besten und ich konnte Veränderungen wie ständig niedrigen Blutdruck und eine schleichende Progression selbst feststellen. Mit Kortison waren die angeblichen Schübe in den Augen der Ärzte, aber in meinen Augen eine schleichende Progression, nicht zu stoppen. Außerdem war mein JC-Virus plötzlich positiv, nachdem er zu Beginn der Therapie negativ war.

Ebenso geht man davon aus, in der Kombination positiver JC-Virus und länger als 2 Jahre Infusionszeit mit Tysabri steigt das Risiko der PML. Nun gut, ich hörte auf und profitierte noch 2-3 Monate nach Beendigung der Therapie von einem gewissen Schutz, dann hatte ich einen kleinen körperlichen Einbruch. Bevor die nächste Therapie begonnen wird, sollte man mind. 3 Monate therapiefrei sein, besser sind 6 Monate, aber es kommt auch auf die Krankheitsaktivität jedes einzelnen an. Der Wechsel von Tysabri direkt anschließend zurück zu Copaxone scheint unbedenklich.

Äußerlichkeiten

Wie lässt du dich nur blenden
Von meinem Äußeren!

Du schaust mir ins Gesicht,
verdeckt die Augenringe und die Blässe unter Farbe.
Du schaust mich von oben bis unten an,
abgenommen hätte ich,
doch die Lüge steht dir zu Gesicht.
Du schaust mir hinterher,
du meinst, ich könnt ja noch laufen.
Du meinst, du schaust mir in die Seele,
erkennst meine Gefühle hinter einer Maske,
doch die Lüge steht dir zu Gesicht.

Mein Lachen vertuscht mein aufgewühltes Inneres,
ich werde niemanden in meine Seele blicken lassen.
Zu oft wurde ich verletzt,
Vertrauen wurde zur Zerreißprobe.
Glück wurde zum Wunschdenken.
Gesundheit als wertvolles,
doch nun undenkbar.
Blicke, die mir folgen,
brennen sich in meine Haut.
Mut nur gespielt für andere.
Zufriedenheit für kurze Zeit.
Frieden nur mit mir selbst.
Anerkennung durch meine Kinder,
geheuchelt von manch anderem.
Laufstrecken zu Stolperfallen,
Berge nun unerreichbar.

Wie lässt du dich nur blenden
Von meinem Äußeren!

„Innerlichkeiten“

Ich liebe meine Kinder, doch mich zu wenig.

Ich blicke in den Spiegel, überpinsle mein blasses Gesicht.

Ich trage eine Maske, spiele meine Rolle fast perfekt.

Ich liebe himmelhoch jauchzend, zu Tode betrübt.

Ich kämpfe für andere, für mich bleibt keine Kraft,

Ich sehne mich nach Anerkennung, umsonst.

Ich biete meine Hilfe an, allein doch in der Not.

Ich will leben, habe es verlernt.

Ich will beschützen, bedarf selbst Schutz.

Ich möchte Nähe, doch wieder Distanz.

Ich will Vertrauen, Misstrauen am Ende.

Ich will leben, ich habe verstanden.

Ich liebe mich, auf immer und ewig.

Ich akzeptiere, was ich nicht ändern kann.

Ich verwandle mich ständig, lerne bis zum Ende.

Ich bin angekommen.

Die MS trat in mein Leben

Die MS trat in mein Leben,
still und leise,
ich ahnte nichts von ihrer Wut und Ausdauer.

Die MS zeigt mir meine Grenzen,
jeden Tag aufs Neue,
gnadenlos.

Die MS krempelte mein Leben um,
nichts ist, wie vorher,
doch zeigte sie mir neue Wege.

Die MS macht einsam,
sie macht mutig,
sie verändert mich,
sie verändert die anderen.

Die MS spiegelt mein Leben,
Ruhe statt Ruhelosigkeit,
Hoffnung statt Frust,
sie stärkt mein Ich.

Die MS ist ein Teil meines Lebens,
mal mehr, mal weniger,
ich träume und hoffe,
ich lasse los und vergebe.

Die MS stärkt mich,
zeigt mir wahre Freunde,
vertreibt einen geliebten Menschen
und doch möchte ich sie nicht mehr missen.

Seit 17 Jahren schlummert die Multiple Sklerose in mir und seit 2004 habe ich es schwarz auf weiß.

Lesung im „Quellenhof“ in Bad Wildbad (Schwarzwald)

Zurück

Ich komme an, an diesem Ort,
wunderschön der schwarze Wald,
Regen fällt, die Tropfen wie Kristalle,
ein angenehmes Gefühl hier zu sein,
und doch so fremd.

Ich treffe Menschen,
teils mit Verstand, teils mit Herz,
freundschaftlich und andere ohne Namen,
der Tag ist lang,
ich bewege mich durch den Ort,
Erinnerungen werden wach,
lang ist es her und doch nur ein Jahr,
die Klinik zu meinen Füßen,
hier fühle ich mich behütet,
und doch so allein.
Ich gehöre nicht mehr dazu,
doch heute Abend für zwei Stunden,
ist es wieder meine Welt,
Ohren lauschen, wir sind verschworen,
gebunden an demselben Geist,
der lahme Beine und uns anders gesund macht.

Wie schnell die Zeit vergangen ist,
ich drehe dem Ganzen den Rücken zu,
die Sonne scheint heute am blauen Himmel,
der schwarze Wald grün und grau,
der Abschied fällt mir schwer,
ich fühle mich verbunden und doch allein,
jeder geht seines Weges
in die Welt der Gesunden.

Unbekannter Bekannter

Ich sah dich das erste Mal am Ort,
der mir zur Ruheoase wurde.
Inmitten von Menschen
Und doch sah ich nur Dich.

Wir haben kaum miteinander gesprochen,
und doch verstanden wir uns vom ersten Moment.
Ich verließ diesen Ort und dich,
mit wehmütigem Herzen ,
ein letzter Blick zu Dir.

Wir schreiben uns,
öffnen unsere Herzen,
aber nicht für einander.
Meine Hoffnung stirbt,
die Entfernung zu weit.

Du bist wieder frei und ich wieder gebunden,
ein kurzes Verlieren.
Die Monate fliegen dahin,
du hältst an mir fest,
nur per SMS und Festnetz.

Ich bin wieder frei und du wieder gebunden,
warum verfehlen wir uns seit einem Jahr?

Ich komme zurück an den Ort meiner Ruheoase,
du in der Menge, doch sah ich nur dich.
Wir haben uns wieder verpasst,
aber wie lange noch?
Unser Leben ist viel zu kurz
und der Ist-Zustand schnell vorbei.

Unbekannter Freund

Mein Besuch ist vorüber,
Vergangenheit.
Ich denke an Dich,
schreibe Dir wie gewohnt,
doch mein Herz weint.
Ich sehne mich nach Dir,
mein unbekannter Freund.
Du bist gebunden und doch traurig,
ich bin frei und doch traurig.

Ich will dich umarmen,
denn die Umarmung gestern, spüre ich noch.
Ich will mit Dir sprechen,
denn gestern war zu kurz.
Ich will Dich sehen,
denn ich möchte in Deine Augen blicken.

Unbekannter Freund...
Das Leben wird uns zeigen,
ob wir den Zug nicht mehr verpassen,
der Zug der Überraschungen und Ideen.
Wo wird er anhalten,
wo werden wir einsteigen,
werden wir uns erkennen,
an der richtigen Haltestelle?

Unbekannter Freund...
Wenn es nun sein soll,
erkennen wir uns an den Augen,
in der Menge der Fahrgäste,
an der Umarmung zur Begrüßung,
am richtigen Ort zum richtigen Zeitpunkt.

Dieser Zug ist der Beginn eines neuen Lebens,
mit Höhen und Tiefen,
mit Progression und Stillstand,
mit Aufstehen und Hinfallen,
mit Glück und Verstehen,
mit Geduld und Respekt,
mit Füreinander in alle Ewigkeit.

Eine kurze Zusammenfassung meines dritten Buchs „Mademoiselle klopft an meine Tür!“ Der eigene Weg mit der Depression und einer Portion Humor.

Eine kleine Leseprobe möchte ich ihnen nicht vorenthalten:

…„Ich hoffe, Mademoiselle, meine Depression, wird mich nicht mehr so häufig besuchen. Und wenn sie dann doch an meiner Tür klopft, werde ich ihr höflich einen Espresso kochen und sie zu anderen Mitbewohner/-innen schicken. Irgendwie haben wir uns lieb gewonnen, aber wir können es auch aushalten, ohne den anderen ständig zu besuchen.

Ach, sie wissen nicht von wem ich spreche? Wie unhöflich von mir!

Mademoiselle ist die schwarz gekleidete Dame, schwarzer Hut und Handschuhe, wohl gemerkt lange schwarze Ballhandschuhe, knall rot geschminkter Mund und weiß gepudertes Gesicht. Ihre grauen Haare hat sich diese alte Schachtel doch wirklich blondieren lassen! Nun, nicht gerade mein Geschmack finde ich, in ihrem Alter, aber jeder, wie es ihm beliebt. Keiner weiß, wo sie wohnt oder herkommt. Sie ist einfach da, wenn man sie im Leben am wenigsten braucht. Aber wann kommt eine Depression zum richtigen Zeitpunkt? Wohl nie.

Wer sie vor meine Tür abgeliefert hat mit all ihrem Gepäck und ihren Hutschachteln, keine Ahnung! Sie hat es mir nie verraten.

Wir hatten enorme Startschwierigkeiten, um miteinander auszukommen. Aber mit der Zeit gewöhnten wir uns aneinander und konnten dann miteinander arbeiten. Eines Tages kam dann der Zeitpunkt des Abschieds, denn schließlich wollte ich meine neue Mitbewohnerin nicht ewig kostenlos bei mir wohnen lassen. Denn es musste immer der beste Espresso sein und die Kekse waren auch ständig leer.

Nach über einem Jahr packte sie ihre sieben Sachen und verließ mich mit einer herzlichen Umarmung, denn andere arme Seelen brauchten sie nun mehr. Zum Glück! Es wurde auch für mich Zeit, wieder am Leben teilzunehmen und den Blick nach vorne zu richten, anstatt ständig wie eine Katze die alten Wunden zu lecken."

Ich gab meiner Depression einen Namen. Dies war meine Selbsthilfe in der größten seelischen Not, ein Segen und wahrer Glücksmoment, denn ich konnte an diese schwarz gekleidete Frau, „meine" Mademoiselle, meine Depression abgeben.

Jede Krankheit möchte uns etwas mitteilen und auf meinem langen Weg aus der Depression erzähle ich mit viel Offenheit und Ehrlichkeit über meine Erkenntnisse und Gefühle.

Mademoiselle

Ich frage mich oft,
wo du gerade bist.

Die Nächte ein Versinken, nichts denken.
die Tage ein Gräuel,
tatenlos und ohne Gefühle,
schemenhaft und kalt.

Dein Klopfen an der Tür hörte ich,
und ließ dich eintreten.
Ein Einzug ohne Pomp,
ein Abgang mit Fanfaren.

Du hältst mir den Spiegel vors Gesicht,
tanzt mit mir Walzer,
trinkst Espresso und lachst.
Du lehrst mich wieder zu denken,
zu leben und zu gehen.
Erst Schritt für Schritt,
dann gehen wir auf Reisen.
Ich möchte das Jahr mit dir nicht missen.

Nahm Abschied von dir unter Tränen,
aber du wurdest wo anders gebraucht.
Du nahmst deine Koffer und Hutschachteln,
ich winkte zum Abschied
und schloss leise die Tür hinter dir.

Ich frage mich oft,
wo du gerade bist.

Die Wandlung

Schwarz gekleidet mit schwarzem Hut,
knall rote Lippen,
Blond gefärbte Haare,
Oma statt Mutter,
so standst du vor meiner Tür.

Wir verändern uns beide,
ich innerlich,
du äußerlich.

Ohne dich kein Überleben,
die Sonne verblasst,
der Himmel grau,
das Aufstehen zur Tortur,
endlos der Tag bis zur Neige.
Kein Entrinnen,
dumpf die Gefühle,
das Herz zu Stein.

Mit dir ein Überleben,
die Sonne scheint,
der Himmel blau,
das Aufstehen mutig,
das Leben ist wieder bunt,
die Wandlung vollbracht.

Wer mich wirklich gut kennt, versteht meine folgenden Wortspielereien und doch werden mich Fremde vielleicht besser verstehen und blicken hinter die Maske, was Wissende nie erahnen können und wollen.

Im Nicht-Verstehen-Wollen verstecken sie sich hinter ihrer Maske. Viele Wegbegleiter würden sich entdecken, wenn sie ihre eigene Maske abnehmen würden. Nichtsahnend... Nichtwollen... Pragmatismus... Egoismus... Unsicherheit...

Maske

Vor langer Zeit setzte ich eine Maske auf.
Schon als Kind griff ich zur Maske.
Sie schützt mich vor Fragen, Antworten weichen.
Die Maske spiegelt ein heiteres Gesicht.
Verbirgt mein wahres Gesicht.
Mein Maskengesicht narrt Dich und doch bin ich der Narr.
Du hörst mir zu, doch hören tust Du nur, was ich nicht denke.
Wie täuscht Dich doch nur meine Maske.
Doch die Maske sehe nur ich.
Ich habe Dich genarrt.
Ich trage die Maske nur für mich.

Maske II

Keiner sieht hinter meine Maske.
Sie schützt mich vor wissenden und fragenden Blicken.
Ich bin allein hinter meiner Maske.
Und doch so sicher mein Auftreten nach außen.
Meine Schwächen behalte ich für mich hinter meiner Maske.
Die Angst, entdeckt zu werden, ist groß
und die Fragen der Wissenden versetzen mich in Panik.
Eine Maske muss her. Meine Maske – mein Schutz.

Doch der Wissende wäre meine Rettung.
Der mich liebt und annimmt, so wie ich bin.
Doch meine Unsicherheit steht mir im Weg.
Meine Maske schützt mich vor Ablehnung.
Ich setze die Maske auf und bin wieder allein.

Maske III

Ich hasse meine Maske und liebe sie sogleich.
Ich spiele ein Spiel.
Innen weich und außen hart.
Sensibel und doch abweisend.
Oberflächliches Geschwätz, das nicht das ist, was es wirklich ist.
Hinter der Maske schreie ich nach Anerkennung und Liebe.
Doch wenn ich sie abnehme, schreie ich nach Schutz der Maske und
Ablehnung durch dich.
Denn ich sage nicht das, was ich sagen möchte, was ich nicht zu
sagen vermag.

Maske IV

Kein Mensch kann mir die Maske abnehmen, ich lasse es nicht zu.
Zu groß ist die Angst, verletzt zu werden und erkannt zu werden,
wer ich eigentlich bin.

Maske V

Ich verabscheue mein Spiel.
Es ist oberflächlich und ohne Gefühl.
Ich möchte, dass Du mir hilfst.
Wenn Du deine Hand ausstreckst, versuche ich sie zu nehmen.
Ich möchte aus meinem Schatten treten.
Aus meiner Angst und Unsicherheit.
Ich will das Licht sehen und die Sonne spüren.
Lass mich vor meiner Einsamkeit fliehen.
Meine Mauern sind hoch und die Anzahl der Masken groß.
Ich schlage um mich und verletze.
Aber ich habe nur gelernt,
wonach ich hoffe und schreie.
Lass auch Du mich nicht allein,
schau in mein Inneres hinter die Maske,
auch wenn es nicht leicht wird.

Maske VI

Ich setze die Maske wieder auf und bin allein.
Ein Versuch war es wert.
Zu lange habe ich gezögert.
Der Moment zerfiel zu Staub.
Es gibt kein nächstes Mal.

Folgende Zeilen geschrieben auf einer Bank, glücklich und zufrieden vor der Stiftskirche in Landau/Pfalz!

Der Schatten an der Kirchenfassade

Der Schatten an der Kirchenfassade,
stahlblauer Himmel über mir,
spiegelt sich in meiner Seele.
Mein Herz hüpft vor Freude.
Endlich angekommen.
Mein eingeschlagener Weg ist richtig,
meine Entscheidung ebenso.
Ich stehe auf und verlasse den Schauplatz,
blicke frohgelaunt zurück,
zum Schatten an der Kirchenfassade.

Ich trete aus dem Schatten

Ich trete aus dem Schatten,
hinaus in die Welt.
Dunkle Tage und Stunden hinter mir,
Sonne durchflutet meine Seele.
Befreit von trüben Gedanken,
das Leben hat mich wieder,
Nur wusste ich es lange Zeit nicht mehr.

Veränderungen

Schleichend kamst du in mein Leben,
dezent und so leicht wie eine Feder.
Ich spürte dich nicht,
lebte weiter, ohne von deiner Existenz zu ahnen.

Drei Jahre flogen dahin,
geprägt von Sorgen und Angst meines Kindes.
Du betäubtest meine Beine,
ich schob dich zur Seite.
Nichtsahnend,
dass du auf der Lauer liegst.

Unser Leben veränderte sich schlagartig,
kaum zwei Jahre später.
Jetzt riefst du nach mir,
strafst mich mit lahmen Beinen und Müdigkeit.
Doch ich hatte keine Zeit, dir zu zuhören.
Ich kämpfte blind und schlug um mich,
retten musste ich, was zu retten war.
Ich ignorierte dich erneut.

Der Tag kam und du schlugst erbarmungslos zu.
Deine Geburtsstunde war gekommen.
Unwiderruflich und unheilvoll.
Ich konnte dich nicht mehr leugnen,
und spürte dich in Schüben.

Du und ich, auf immer und ewig.

Kampf

Ich kämpfte an allen Fronten
Ich kämpfte gegen dich.
Ich habe den Kampf verloren.

Akzeptanz

Wer kämpft, hat schon zu Beginn verloren.
Wer akzeptiert, hat Kraft.
Wer mit dir gewinnen will,
muss dich akzeptieren.

Leben mit dir

Ich habe dir notgedrungen einen Platz in meinem Leben gegeben.
Ich liebe dich nicht, aber akzeptiere dich.
Du hast mir Dinge gezeigt, die ich vergaß.
Ich begehre auf, du zeigst mir meine Grenzen.
Du zeigst mir neue Wege.
Ich möchte fliehen,
du hältst mich zurück.
Ich stürze in die Tiefe,
du gibst mir deine Hand.
Ich blicke nach vorne,
du bist an meiner Seite.

Veränderungen II

Du kamst unbemerkt.
Ich ignorierte dich.
Du kamst in Schüben.
Ich ignorierte dich.
Du bist nun schleichend.
Ich muss dich nun akzeptieren.

Eine Ära geht zu Ende.

Chronisch progredient ist nicht das Ende.
Es ist ein neuer Lebensabschnitt.
Die Ära der Schübe ist zu Ende.
Das Schleichen auf Sohlen hat begonnen.
Keine neuen Therapien am Himmel.
Aber die Sonne geht jeden Morgen immer noch auf.
Tränen sind getrocknet.
Mut und Hoffnung als Wegbegleiter.
Die Ära ging zwar zu Ende,
aber ein neuer Weg wird beginnen.

Es ist gut, so wie es ist.

Ich bin angekommen, hier und jetzt.
Ruhe und Frieden.
Keine Schübe mehr, wie befreiend.
Du bist kein Feind, du bist Vertraute.
Nicht lieben, aber Annehmen.
Freude und Gelassenheit.
Ungewiss und progredient die Zukunft
Annehmen, was nicht zu ändern ist.

Mitox – blauer Engel

Ich muss mich bald entscheiden.
Schonfrist von sechs Monaten.
Tysabri gegen Mitoxantron.
Pest gegen Cholera.

Es ist eine Chance auf dem schleichenden Weg.
PML gegen Leukämie.
Misserfolg gegen Hoffnung.
Stabilität gegen Fortschreiten.
Hoffnung gegen Mut.
Sarkasmus gegen Zufriedenheit.
Farblos gegen Blau.
Ausgeglichen gegen Bangen.

Ich werde mich entscheiden, blauer Engel,
aber die Zeit ist noch nicht gekommen.

Dieses Gedicht schrieb ich nach der „frohen“ Botschaft der Ärzte, dass im chronischen Bereich nur noch Mitoxantron für mich als Therapie in Frage käme.

Schutzengel meines Lebens

Die Schutzengel meines Lebens fliegen so hoch,
dass ich sie nicht mehr sehe.

Ich rufe nach ihnen,
doch sie antworten mir nicht.

Haben sie mich verlassen?

Ich fühle mich allein gelassen und einsam,
versuche zu akzeptieren,
dass mal wieder nichts so ist, wie es war.

Ich rufe nach ihnen,
doch ich höre nur das Rauschen des Windes.

Die Schutzengel unseres Lebens fliegen nie so hoch,
dass sie uns aus den Augen verlieren würden.

Schwache Worte,
geschrieben in einem Augenblick der Schwäche,
akzeptiert und verpackt in einer Schublade,
Blick nach vorne, mir selbst am meisten verziehen,
kann nichts ändern, deswegen kein Blick zurück,
ich will Frieden mit der MS, trotzdem auf der Hut vor ihr,
aber heute mit einem Schmunzeln!

Meine freundliche MS!

Heut bin ich gut gelaunt, meine MS.
Freundlich dir gesinnt,
du flüsterst mir leise Wörter zu,
ich schmunzle und ignoriere sie.

Mademoiselle und Madame MS,
sitzen in einer Reihe,
griesgrämig die eine, giftig die andere,
schwarzer Hut und grüne Schuh,
geschmacklos wie ihre Witze und Aktionen,
beide in Schüben, dann chronisch,
Mademoiselle und Madame MS,
ihr könnt mich mal!

Morgen bin ich gut gelaunt, meine MS.
Gelassen zeige ich dir den Rücken,
du pfeifst nach mir, ich ignoriere dich,
ich schmunzle und freu mich für mich.

Heute, neun Jahre nach der Diagnose, nach dem ersten Schock, der Verleugnung, dem Zorn und der Wut auf einen unsichtbaren Gegner, habe ich heute akzeptiert. Es hat zwar Jahre gedauert um zu dieser Erkenntnis zu gelangen, dass man mit einer unheilbaren Erkrankung wie der Multiplen Sklerose leben kann und zufrieden. Bei mir gibt es auch die depressiven Tage, Situationen, die vor zwei Jahren oder noch vor Monaten ohne Probleme zu bewältigen waren, aber ich gehe heute durch solche Tage mit der Erkenntnis, dass mich die Sehnsucht zurückzublicken nicht weiterbringt, mich lähmt im Handeln und traurig macht. Kurze Momente lasse ich auch diese Gefühle zu, und wenn der Moment zu groß wird, versuche ich, mich abzulenken oder mit irgendjemandem zu reden. Die virtuelle Welt wie Facebook, die viele Monate zur Sucht wurde, erkannte ich als eine, die mir persönlich und meiner Stimmung nicht gut tut. Ich halte Kontakt zu vielen lieb gewonnenen Menschen, wo es anders nicht möglich ist, aber für mein Seelenheil bevorzuge ich doch ein Telefonat oder einen kurzen Besuch bei einer Freundin. Die Einsamkeit erdrückt mich weniger als noch letztes Jahr und ich habe für solche depressiven Phasen Rituale entwickelt. Es ist keine Patentlösung, aber für mich ein Versuch, wieder die Schieflage zu überstehen.

Ich werde „meine" Lösungsideen hier einmal aufzählen, nicht chronologisch, ich handle, wie ich mich fühle und was in diesem verhexten Gefühlsdusel für mich wichtig ist:

- Ich gestehe mir ein, dass ich Schwächen infolge der MS habe, und bitte um Hilfe z.B. von meinen Kindern, Eltern, etc.
- Wenn ich müde bin, lege ich mich schlafen, aber nur mit Wecker stellen. Denn zu lange schlafen, lässt die Stimmung noch weiter absinken.
- Ich lese ein Buch gemütlich im Winter mit Kerzen und Cappuccino und im Sommer auf dem Balkon im Schatten. Der Haushalt läuft mir nicht davon. Schade!
- Ich setze mich aufs Fahrrad und fahre in die Stadt. Manchmal sehr zäh die 1,5 km Fahrstrecke, aber ich brauche dann während dem Einkaufen Pausen. Es gelingt mir dann, die Pudding-

beine zu ignorieren. Und wenn es vom Laufen einfach nicht geht, dann setze ich mich in meinen schwarzen Miniflitzer und ignoriere blöde Bemerkungen: „Die paar Meter läufst du nicht oder fährst sie mit dem Rad!?" Alles Idioten.

- Ich habe endlich mit 47 Jahren gelernt zufrieden alleine im Café zu sitzen, mit oder ohne Buch, blickend und beobachtend in die Runde, ohne ständig verschämt nach Beschäftigung suchend. Die nächste große Herausforderung wird sein, alleine in Urlaub zu fahren.
- Feldenkraisübungen zu machen, aber gelingt mir selten an den düsteren Tagen, die oft noch durch die Fatigue geprägt sind.
- Mails checken und beantworten, ein kurzer Blick in unsere kleine Frauengruppe bei FB.
- Freundin oder meine Mama anrufen.
- Meinen Tag so planen, wie es für mich richtig ist, nicht von anderen aus dem Konzept bringen lassen. Wenn sich jemand mit mir für den nächsten Tag verabreden will und ich bin unfähig, zu entscheiden, melde ich mich am nächsten Tag zurück. Denn in der Vergangenheit habe ich solche Termine wegen Überforderung dann eh abgesagt. Es ist aber schwer bei Gesunden, hier auf Verständnis zu hoffen.
- Im Haushalt Prioritäten setzen.
- Nicht über meine Grenzen gehen. Bsp.: Ich musste im Januar in meinem Schlafzimmer an zwei Wänden insgesamt ca. 13qm die Farben überstreichen. An vier Samstagen war ich je 1,5-2h mit Streichen beschäftigt, anschließend waren alle Aktivitäten für das Wochenende gestrichen. Ich bin so froh, dass ich solche Dinge, zwar sehr langsam und mit großer Anstrengung, aber noch ausführen kann.
- Defizite durch die MS nicht beweinen, sondern meine Potenziale nutzen und sie einsetzen.
- Nein sagen!
- Hilfsmittel, wie Paulchen, meinen Stock, oder meinen Rollator einsetzen. Den Rolli setze ich so gut wie gar nicht ein, zu schwer und umständlich in meinem Peugeot 107, außerdem sollte man den Rollstuhl so lange als möglich nicht benutzen, aber doch so

früh als möglich bei vorangeschrittener MS zum Kräftesparen und zur Mobilität.

Ich könnte jetzt noch Ratschläge geben wie regelmäßig Sport machen, Yoga- und Entspannungstechniken und eine gesunde Ernährung, Stress vermeiden u.v.m. Es gibt kein Patentrezept weder für ein erfülltes Leben, noch für ein Leben mit der MS. Erstens muss jeder selbst wissen, was ihm gut tut, und zweitens liegen mir gute Ratschläge so fern wie das Nordkap, denn nicht nur schlechte, sondern auch die faulen Tage gibt es bei mir.

Die vielen Fachzeitschriften und Bücher sind voll damit, aber die wenigsten führen doch, sind wir mal ehrlich, nur einen Bruchteil an Empfehlungen durch. Ich respektiere jeden, so wie er ist und wie er mit seiner Erkrankung umgeht. Ich biete meine ehrenamtliche Hilfe und mein Wissen in der DMSG-Rheinland-Pfalz an, lasse mich ebenso auch gerne belehren, aber die neidvollen Äußerungen und drei Rezensionen bei Amazon, weil ich noch laufen kann, hatten mich sehr verletzt. Aber ich lernte doch damit umzugehen, nicht ohne die Hilfe und netten Kommentare meiner „Facebook-Freunde". Und um das Ganze zu beenden: „Liebe Neider, ich habe euch verziehen, werde aber nicht Gleiches mit Gleichem vergelten und wenn es soweit ist, dass ich im Rolli sitze, werdet ihr die Ersten sein, die es erfahren werden. Ich trage es mit schwarzem Humor und verzeihe ihnen ihre Bitterkeit, die ihnen ihre Lebenssituation vermittelt hat. Ich hoffe für jeden Menschen, dass er in einer Lebenskrise mit Mut und Zuversicht umdenkt und sich neu orientiert. Und ich denke, dass wir zu unserem Ursprung zurückkommen sollten, wir finden viele Antworten in uns selbst.

Der Prozess, den ich seit der Diagnose bis heute durchlaufen habe, war steinig, da ich lange Zeit nicht akzeptieren wollte, dass sich mein Leben quasi von einem Tag auf den anderen geändert hatte und zwar in jedem Bereich. Der schwerste Schub meiner MS-Karriere Ende November 2008 brachte die ersten Steine ins Rollen und ein Denkprozess wurde ausgelöst auf meinem unbekannten

Weg. Seit ich mich auf die Suche, das Neue zu finden bzw. zu sehen eingelassen habe, habe ich auch mit mir Frieden geschlossen. Ich habe wieder Vertrauen in mein eigenes Leben gefunden, meinen Glauben durch Gottvertrauen und mich selbst angenommen.

Die schwere Depression, die ich im dritten Buch beschreibe, in dem ich vom Besuch meiner Mademoiselle erzähle, war auch ein Teil einer Wegstrecke, die mir bewusst machte, mich selbst anzunehmen und mir zu verzeihen. Dies beschreibt auch Pater A. Grün sehr schön in seinem Buch „Das Buch der Lebenskunst", aus dem ich von Zeit zu Zeit Passagen lese. Ich habe auch gelernt, mich mit meinen Schwächen und Ungereimtheiten anzunehmen. Mich nicht anzupassen, wenn es mir nicht gut tut, sagen, warum ich so und nicht anders denke, wenn mir eine Beschäftigung keinen Spaß oder keinen Sinn verspricht, wenn der Alltag mich mal wieder einholt, dann lasse ich los, denn das habe ich wirklich gelernt in den letzten Jahre. Loslassen! Auch Menschen und Gewohnheiten, mich neu zu orientieren und Aufgaben suchen, die mir Spaß machen und zu meiner inneren Einstellung passen. Nach einem stressigen Tag mit der Feldenkrais-Methode meinen Körper zu entspannen, Schmerzen zu minimieren und meinen Geist ausruhen zu lassen. Ich kann endlich Stille ertragen, sie gibt mir Ruhe und Kraft, ich habe das Gefühl mit meiner Seele zu kommunizieren. Dies ist auch eine Form der Heilung. Mit sich im Reinen zu sein, sich vom Alltag zurück zuziehen und die Stille suchen, kann sicher auch zu einer tiefen Zufriedenheit führen.

Die Diagnose Multiple Sklerose war eine Aufforderung an mich, sich dem Leben, meinem Leben, zu stellen! Ich bin nicht daran zerbrochen, ich bin gewachsen an neuen Aufgaben, beschenkt worden von Menschen und wachgerüttelt worden, dass aufgegebene Träume noch gelebt werden können. Was zuerst als Kampf und Aversion von mir gesehen wurde, kippte nach kräftezehrenden und schubreichen Jahren zu Akzeptanz und bedachtem Handeln mit Ruhe!

Solch einen heilsamen Weg wünsche ich ihnen und denken sie an meinen alten Mann, der mir vor Jahren sagte, als ich die Diagnose Multiple Sklerose erhielt: „In jedem negativen Erlebnis oder einer negativen Lebenserfahrung findet man noch etwas Positives!" Damals verstand ich ihn nicht und erklärte ihn als verrückt.

Heute kann ich seine Aussage bestätigen, auch wenn es manchmal schmerzt und die Suche nach dem Positiven schier unmöglich erscheint.

So, nun ist es Zeit, sie zu verlassen, ich schließe dieses Buch mit Freude, Gelassenheit und innerem Frieden, auch in der Hoffnung, Mut und einen Weg zur Akzeptanz gezeigt zu haben, aber meinen eigenen Weg. Ich möchte niemanden zur Feldenkraislehre bekehren, aber vielleicht finden sie eine Methode der Bewältigungsstrategie, die ihnen im Alltag Zufriedenheit und eine Energiequelle gibt. Ich hoffe sehr, auch Menschen ohne MS und Angehörige mit meinen Gedanken, Gefühlen und Geschichten erreicht zu haben. Ein Miteinander und einen passenden Weg zu suchen und der Krankheit ihre Bedrohung zu nehmen. Eine Aufforderung, sich dem Leben zu stellen!

Wir sehen und lesen uns bestimmt! ...ich bin dann wieder weg!

Ihre Caropower mit Frauenpower mit MS.

Gedicht

Jedermanns Clown

Ein Clown, der lächelt meistens still,
obwohl er eigentlich weinen will.

Seine Ängste, Nöte, Sorgen,
tief im Innern hält er sie verborgen.

Doch zeigen wird er sie nicht,
auch wenn er fast daran zerbricht.

Den Clown wird es wohl immer geben,
in mir, in Dir, in jedermanns Leben.

© jh (für Caro)

Jens, selbst Autor , schrieb mir dieses Gedicht in einem Moment, wo ich Zuspruch brauchte und er spürte dies trotz großer Entfernung.
DANKE.
Ich hoffe, ich werde dich und deine Familie einmal kennenlernen.

Vielen Dank an den DMSG Landesverband Rheinland-Pfalz mit seinem Team und dem Bundesverband, die mir ihr Kampagnenbild für mein Buch überlassen haben und auch ansonsten tatkräftig und unterstützend mir und vielen Betroffenen zur Seite stehen.

Was mir noch am Herzen liegt, kommt wieder zum Schluss!

DANKE

… meinen besten Freunden für ihre Geduld und Fürsorge.

… meinen Kindern für ihre Liebe und absolutes Verständnis in manch schwierigen Situationen.

… meinen Eltern für ihren Einsatz, ihre Geduld und ihre Liebe.

… Herrn Dr. von Schradar, Herrn Professor Grau und dem Pflegeteam der Neurologie und MS-Ambulanz des Klinikums Ludwigshafen am Rhein

… meinem Neurologen Dr. Ehrhardt und seinem netten Team, ich schätze sie sehr!

… Ärzte und Pflegediensten der Neuro-1 des Pfalzklinikums in Klingenmünster für offene Gespräche, Betreuung und das Mutmachen.

… meinen freundschaftlichen „Lektoren" Birgit Heid (Autorin) und Steffen Bauer für unzählige Stunden des Korrekturlesen.

… meinen Leserinnen und Lesern!

… Heidi Dahlsen, die mich auf den Traumstunden Verlag und Britta Wisniewski aufmerksam machte!

…. Michael Wisniewski, er gestaltete mein Cover, für seine Geduld und Hilfe sei Dank.

Die Schutzengel unseres Lebens
fliegen manchmal so hoch,

dass wir sie nicht mehr sehen können,

doch sie verlieren uns niemals
aus den Augen.

(Jean Paul)

Nachtrag

Gedanken, die mir während der Zusammenstellung für die Veröffentlichung des dritten Teils kamen, nachdem die Trilogie schon erschienen war. Sie sind wichtig für mich sie zu erwähnen und mein komplizierter Charakter beschloss am 9. Juni 2013, an einem sonnigen Tag, mein dritter Teil von „Frauenpower trotz MS" doch gesondert von der Trilogie, zu veröffentlichen. Die Herausgabe dieses Buchs ist für meine treuen Leser, die schon die ersten Bücher kennen und die sicher gespannt sind, wie heute mein Leben aussieht, ohne gleich die Trilogie kaufen zu müssen.

Aber Sie können natürlich gerne auch meine Geschichte von hinten aufrollen und den positiven Teil meiner Lebenserfahrung mit der Erkrankung Multiple Sklerose als erstes lesen.

Blumendünger zu trinken und Reiki sind für mich keine Alternative, um meine MS in Schach zu halten. Auch jetzt nicht in einem erneuten aufgesetzten Schub, der mich unvermittelt am Donnerstag traf und doch war es voraus zusehen. Über ein Jahr ohne Basis- oder Eskalationstherapie musste es mich ja wie ein Seitenhieb treffen, vor allem, wenn man ein Alltagspensum eines Gesunden absolviert.

Deswegen sitze ich nun hier auf meiner Liege im schattigen Kühl des Balkons, umringt von einer Blumenpracht eigens selbst gepflanzt und habe mir absolute Ruhe für die nächsten Wochen verordnet. Mein Leben bzw. meinen Alltag überdenke ich ohne Schuldgefühle, Selbstzweifel bringen nun nichts mehr, wenn das Kind in den Brunnen gefallen ist. Das Schlimmste an diesem Schub sind die neuropathischen Schmerzen und die verminderte Gehstrecke, denn nun ist wieder jeder Schritt wohl überlegt. Ich Perfektionist, der unbedingt an der Planung des Welt-MS-Tages mitmachen musste und dann eine Buchmesse von zwei Tagen stemmte. Anschließend das bisschen Haushalt und die Kinder bewältigte und die innere Stimme ignorierte, bekam ich nun die

Quittung. Mademoiselle kam zum Glück nicht zum Espresso vorbei, zu anstrengend war ihr der Trubel.
Das Buch eines Autors übers Trösten bringt mich nicht unbedingt weiter. Meine Gedanken und meine Lebensweise sind seinen ähnlich. Ich suche ebenso Trost und finde ihn am wenigsten in anderen Menschen. Des Rätselslösung liegt in mir selbst, doch wer möchte schon den Spiegel vors Gesicht gehalten bekommen. Aber trösten kann ich vielleicht andere, die ebenso trotz MS dem Leben die Stirn bieten. Heilung ist nicht in Sicht, deswegen müssen wir uns Betroffene gegenseitig verbal trösten und uns unsere Geschichten und Erfahrungen erzählen.

Auf der Buchmesse wurde ich gefragt: „Wie geht es Ihnen mit dieser Erkrankung, man sieht Ihnen ja nichts an!?" Gebe ich als Antwort, dass es Symptome bei dieser Krankheit gibt, die man auf den ersten Blick nicht sieht, ernte ich Kopfschütteln und werde aufgefordert, Beispiele zu benennen. Beschämt ziehen diese Frager dann vom Stand, denn wer möchte schon mit Blaseninkontinenz, Fatigue, kognitive Störungen und neuropathischen Schmerzen konfrontiert werden?! Stehe ich dann auf, um ein Paar Schritte leicht schwankend und sichtlichen Gehprobleme zu demonstrieren, habe ich die Nicht-Lacher auf meiner Seite und ernte Mitleid. Was mir wiederum auch nicht gefällt, aber ein klein wenig Schadenfreude breitet sich doch in mir aus.
Nun kommen gut gemeinte Ratschläge. Doch hätte ich geantwortet: „Mir geht es gut.", wäre ich unglaubwürdig mit dieser unheilbaren Krankheit. Hätte ich gesagt, „schlecht", drücken mir die Menschen Adressen mit Wunderheiler und alternativen Therapien, wie Pferdemist und Pflanzenmittelchen in die Hand. Diäten und Wunderpillen nicht zu vergessen.

Ich weiß, man wird mit der MS schnell ungerecht nach etlichen Karrierejahren. Aber die negativen Seiten spürt man jeden Tag! Keiner nimmt mich mehr mit in den Wald, denn sämtliche Hütten oder Burgen sind mindestens drei Kilometer lang, früher ein Kinderspiel, heute eine Falle für mich. Nachbarn bewältigen die

Entfernung in die Stadtmitte von 1,2 km mit Bravour, ich benötige das Auto, da die Wege in der Stadt auch bewältigt werden müssen. An manchen Tagen fahre ich mit dem Fahrrad etwa wie eine alte Frau von 90 Jahren. Hauptsache am Leben teilgenommen. Und mit einer Wegstrecke von 100 bis 200 m lockt man niemanden mehr hintern Ofen hervor.

Zum Ende meines Buchs muss ich doch noch den Buchtitel erklären, wobei Sie es sich schon denken können:
Die **MS** ist **m**eine **S**onne d.h. dass ich einen Weg für mich gefunden habe... meine Richtung! Und positives Denken hat noch keinem Menschen geschadet.

Lesen konnten Sie Meine Geschichte und Meine Erfahrungen. Weiterhin werde ich an meiner gesunden Ernährung, wie Quark mit Leinöl, viel frisches Obst und Gemüse, kein Schweinfleisch oder Wurst , Vollkornprodukte , sehr wenige Eier etc. festhalten. Und nebenbei bei schubförmigen Unpässlichkeiten innehalten und das Tempo drosseln.
Wir können so vieles erreichen, wenn wir an uns selbst glauben und das „nicht-mehr-können-Denken“, hinter uns lassen. Einfach der Sonne entgegen.

Lassen Sie sich etwas trösten von mir, dass es zwar keine Lösung für das Leben mit unserer Erkrankung MS gibt, aber sie kann die Sonne in uns auch zum Strahlen bringen!

Ein Buch, das ich in der größten Verzweiflung schrieb, das ich mit Humor beenden konnte und Ihnen, liebe Leser/-innen gerne vorstellen möchte:

ISBN: 978-3-8423-6129-4
Verlag BOD
96 Seiten als Taschenbuch für 7,95 €

Kurzbeschreibung:

Mademoiselle, so nannte die Autorin ihre Depression und fand mit ihr einen Weg zur Selbstheilung. Die Autorin beendete die Beziehung mit ihrem manisch-depressiven Partner, nachdem in ihrem Kopf irgendwann die Reizweiterleitung gekappt wurde, die Synapsen spielten nach ihren Regeln. Depressionsalarm in Stufe rot! – Mademoiselle wurde benachrichtigt und zog unaufgefordert bei der Autorin ein. Das Buch reflektiert mit einem Lächeln, Wut, Trauer, schwarzem Humor und einer Überraschung diesen Besuch bzw. Einzug! Das schwarz gekleidete Fräulein hat ihr geholfen, die Ziele und Wünsche der Zukunft neu auszuloten. Verweigern Sie, liebe Leser, ihrer Mademoiselle nicht die Tür!

Kurzauszug aus dem Buch:

... Mademoiselle ist die schwarz gekleidete Dame, schwarzer Hut und Handschuhe, wohl gemerkt lange schwarze Ballhandschuhe, knall rot geschminkter Mund und weiß gepudertes Gesicht. Ihre grauen Haare hat sich diese alte Schachtel doch wirklich blondieren lassen! Nun, nicht gerade mein Geschmack finde ich, in ihrem Alter, aber jeder, wie es ihm beliebt. Keiner weiß, wo sie wohnt oder herkommt. Sie ist einfach da, wenn man sie im Leben am wenigsten braucht. Aber wann kommt eine Depression zum richtigen Zeitpunkt? Wohl nie.

Wer sie vor meine Tür abgeliefert hat mit all ihrem Gepäck und ihren Hutschachteln, keine Ahnung! Sie hat es mir nie verraten.

Wir hatten enorme Startschwierigkeiten, um miteinander auszukommen. Aber mit der Zeit gewöhnten wir uns aneinander und konnten dann miteinander arbeiten. Eines Tages kam dann der Zeitpunkt des Abschieds, denn schließlich wollte ich meine neue Mitbewohnerin nicht ewig kostenlos bei mir wohnen lassen. Denn es musste immer der beste Espresso sein und die Keksdose war auch ständig leer...

Ich wünsche Ihnen gutes Gelingen, eine dicke Haut und viele positive Gedanken!

Passen Sie gut auf sich auf!!